STEINZEIT
Leben wie vor 5000 Jahren

Rolf Schlenker · Almut Bick

Steinzeit

Leben wie vor 5000 Jahren

THEISS   HamppVerlag

Inhalt

Der Alltag   108

Zurück in der Zukunft   152

Anhang   **175**

Leben wie unsere Vorfahren?

November 2005: Die ARD sucht über ihre aktuellen Fernseh- und Hörfunkprogramme Menschen für ein aufregendes Wissenschaftsexperiment. Eine ganze Sippe soll für zwei Monate in die Vergangenheit reisen. Und zwar in eine besonders harte: die Jungsteinzeit, die Zeit Ötzis und der Pfahlbauern.

Und so sollten unsere Probanden wohnen: Ihr minutiös rekonstruiertes Dorf lag an einem kleinen Weiher im Hinterland des Bodensees. Dort mussten sie versuchen zu leben und zu überleben, nur mit den Mitteln der Steinzeit. Dazu gehörte übrigens auch „Einkaufen"; zwei der Sippenmitglieder sollten Salz, Feuerstein und Kupfer eintauschen. Nur: Diese Dinge mussten vor 5000 Jahren oft aus entlegenen Regionen, zum Beispiel dem heutigen Norditalien, geholt werden, und um dahin zu kommen, musste man die Alpen überqueren. Für unsere Leute hieß das, eine Wanderung in einer Ausrüstung zu bestreiten, wie man sie von Ötzi kennt: in Leder und Fell statt in Goretexjacken und Wanderstiefeln, und das jeden Meter zu Fuß, vom Bodensee bis nach Bozen.

Die Wissenschaftsredaktionen von SWR und BR wollten wissen, ob Menschen von heute noch in der Lage sind, so zu leben wie ihre Vorfahren. Des Weiteren wollten sie herausfinden, ob das, was die Wissenschaft über die Steinzeit zu wissen glaubt, im Praxistest auch Bestand haben würde. Und sie machten darüber eine Aufsehen erregende Fernsehdokumentation für DAS ERSTE: „Steinzeit – leben wie vor 5000 Jahren".

Ein Angriff auf unsere Klischeebilder

Dies ist die Geschichte der dreizehn, die im Sommer 2006 dieses Experiment gewagt haben. Es ist ein Buch über ein großes Abenteuer, sowohl für die sieben Erwachsenen als auch für ihre sechs Kinder. Es ist ein Bericht über eine exklusive Reise, die man nirgends buchen kann. Und es ist ein Frontalangriff auf das Klischeebildergewitter, das in uns abläuft, wenn wir den Begriff „Steinzeit" hören.

Frontalangriff? Hier eine Kostprobe: Die Jungsteinzeitler bauten gewaltige Dörfer mit 50 bis 100 Häusern und betrieben Feuersteinbergwerke, in denen in 200 Schächten parallel gefördert wurde, mit einem industriell anmutenden Materialausstoß, der für 1000 Steinbeile am Tag reichte; ihre Bogen brauchen den Vergleich mit den heutigen Präzisionssportwaffen nicht zu scheuen; sie legten ein Tauschwegenetz durch ganz Europa an und gründeten somit eine Art „Steinzeit"-EU; sie nutzten unter anderem bereits den Wirkstoff der Kopfschmerztab-

Die 13 Protagonisten im Pfahlbaumuseum in Unteruhldingen vor dem Steinzeitabenteuer

lette, die in Weidenrinde enthaltene Salicylsäure, und operierten am offenen Schädel mit Erfolg, das heißt mit überlebenden Patienten, wie die verheilten Narben an einigen Schädelfunden beweisen.

Wir reden hier, wohlgemerkt, über eine Welt, die 5000 Jahre zurückliegt. Also: Einsteigen und alle Klischees draußen lassen, Ihre Zeitreise in das Neolithikum hat soeben begonnen.

Das Experiment

Im 21. Jahrhundert entsteht ein Steinzeitdorf

Dreizehn Männer, Frauen und Kinder wollen sich für eine Fernsehdokumentation auf eine Zeitreise in die Jungsteinzeit begeben. SWR und BR lassen ein Dorf aufbauen, Archäologen und Trainer bereiten die zukünftige Sippe auf ein Leben wie vor 5000 Jahren vor. Und die Fernsehleute halten die Kameras bereit.

Living Science – oder:
Eine Zeitreise und der Zahnschmelz

Wenn man von der „Steinzeit" spricht, dann ist das ungefähr so präzise wie die Beschreibung eines Mannes, von dem man nur weiß, dass er Jim heißt und irgendwo in Amerika lebt. Bei dem Begriff „Steinzeit" reden wir nämlich über eine Zeitspanne, die sich über rund zwei Millionen Jahre hin erstreckte und deren Ende gerade einmal 5000 Jahre her ist.

Von diesem Ende, der Jungsteinzeit, auch Neolithikum genannt, ist aus mehreren Gründen einiges bekannt. Da ist zum einen der Umstand, dass die Menschen nun ihren Lebensunterhalt nicht mehr vorrangig durch Sammeln und Jagen bestritten, sondern damit begannen, Äcker zu bestellen und Vieh zu züchten. Sie wurden sesshaft, bauten Häuser und schufen, meist gleich neben der Türe, jene Abfallhaufen, über die sich 5000 Jahre später die Archäologen freuten, weil sie vor allem dort gehäuft die Scherben, Knochensplitter, Holzreste und Steinabschläge fanden, die ihnen erlaubten, ihr Faktenpuzzle zu ergänzen.

Bis 1991 war das Puzzle noch recht lückenhaft, aber dann wurde der Gletschermann gefunden und dessen Köcher- und Kraxeninhalte, Textilien und Waffen, ja sogar die Auswertung seines Mageninhaltes öffneten plötzlich der Wissenschaft ein weiteres Fenster in diese rätselhafte Zeit. Allerdings, so sagt der Archäotechniker Harm Paulsen, ist das immer noch so, als würde man mit einem Teelicht in eine dunkle Turnhalle gehen, „wobei die Turnhalle die Steinzeit ist und der Schein des Teelichts unser Wissen".

Eine Freude für Archäologen: Funde in einem linearbandkeramischen Brunnen in Erkelenz

Steinzeit heißt demnach: Da ist einiges, was wir wissen, vieles, was wir nicht wissen, und sehr vieles, über das wir nur spekulieren können. Kurz: Das ist der Stoff, aus dem normalerweise gute Krimis gemacht sind – oder spannende Wissenschaft. Für uns, die Wissenschaftsredakteure von SWR und BR, bedeutete das: Man weiß genug von der

Für die Dreharbeiten wurden zahlreiche Alltagsgegenstände der Jungsteinzeit nachgebaut, so auch dieser Wagen.

Jungsteinzeit, um Häuser, Kleidung, Waffen und Haushaltsgeräte exakt nachbauen zu können, doch weiß man zu wenig, um bei den Dreharbeiten nicht die eine oder andere faustdicke Überraschung erleben zu dürfen: Warum gelang es anfänglich einfach nicht, das Dach richtig abzudichten? Wieso brannte der Lehmofen nach unten durch den hölzernen Bohlenboden durch? Warum bekamen unsere Protagonisten das Korn nicht aus dem Spelz heraus? Und wie schafften sie es trotzdem, einer Hungerkatastrophe zu entgehen?

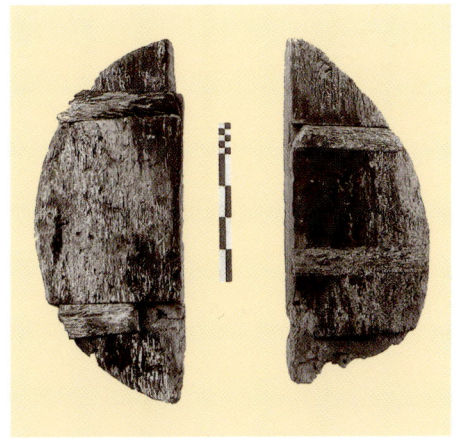

Das etwa 5000 Jahre alte zweiteilige Holzrad aus dem Federseemoor war Vorbild für die Räder des Wagens im TV-Steinzeitdorf.

Revolutionäre Jungsteinzeit

Mit der Jungsteinzeit, dem Neolithikum, fand ein Wandel in der Lebensweise der Menschen statt, der in seinem Ausmaß unübertroffen bleibt. Der Mensch wandte sich vom reinen Jagen und Sammeln ab und begann damit, Ackerbau und Viehzucht zu betreiben. Von einer aneignenden Wirtschaftsweise, in der sich der Mensch aus der Natur nahm, was sie ihm bot und was er brauchte, wechselte er zu einer produzierenden. Er griff in die Natur ein und veränderte sie. Er säte aus, anstatt nur zu sammeln, und hielt sich Haustiere, anstatt lediglich zu jagen. Er hegte und pflegte Pflanzen wie Tiere und züchtete neue Arten.

Die Neuerungen Ackerbau und Viehzucht zogen weitere Veränderungen im Leben der Menschen nach sich. Die neue Wirtschaftsweise bescherte einen Überfluss an Nahrungsmitteln, der in Vorräten angelegt und für dürftigere Zeiten genutzt werden konnte. Die bessere Versorgung führte zu einem Bevölkerungsanstieg. Eine sesshafte Lebensweise an einem Ort war jetzt unumgänglich: Der Ackerbau musste betreut und die Vorräte mussten sicher vor Tieren und Dieben aufbewahrt werden. Da die Menschen nicht mehr umherzogen, waren transportable Behausungen nicht mehr notwendig. Feste, dauerhafte Häuser waren die Folge. Eine weitere Erfindung der Jungsteinzeit sind gebrannte Tongefäße. Das Brennen von Ton war schon lange vorher bekannt. Mittels dieser Technik hatte man bereits am Ende der Altsteinzeit kleinere Figürchen, jedoch noch keine Gefäße hergestellt – und das aus gutem Grund: Keramikgefäße sind bei einer nicht sesshaften Lebensweise eher hinderlich. Sie sind zerbrechlich und recht schwer. Lederbeutel und Holzgefäße dagegen eignen sich für ein Umherziehen weit besser.

Vom Wildbeuter zum Ackerbauern

Die so genannte Neolithische Revolution begann vor 11 000 Jahren im Vorderen Orient. In einer vom Klima begünstigten Region, die vom Persischen Golf über das Zweistromland entlang des Fußes der türkisch-iranischen Gebirgskette bis ans Tote Meer reicht, wurde zu dieser Zeit die Landwirtschaft erfunden. Im Fruchtbaren Halbmond, wie dieses Gebiet genannt wird, pflanzten die Menschen um 9000 v. Chr. die ersten Getreidesorten Einkorn und Emmer, aber auch Lein und Hülsenfrüchte an. Ein Jahrtausend später züchteten die ersten Bauern dort aus den Wildformen von Schaf und Ziege Haustiere. Um 7000 v. Chr. fertigten die Menschen dort das erste Tongeschirr.

Warum aber gaben die altsteinzeitlichen Menschen ihr Dasein als Jäger und Sammler überhaupt auf? Sicher ist eine landwirtschaftliche Existenz nicht mit weniger Arbeit verbunden als ein wildbeuterisches Leben. Die Gründe müssen anderswo gesucht werden.

Wahrscheinlich spielte das Klima eine entscheidende Rolle. Am Ende der letzten Eiszeit mussten sich die Bewohner des Fruchtbaren Halbmonds auf ein Klima einstellen, das von schnell wechselnden Kalt- und Warmphasen geprägt war. Mit jedem Klimaumschwung änderten sich die Vegetation und damit eine wichtige Nahrungsgrundlage für Mensch und Tier. Während vorher Kältesteppen mit Kräuterpflanzen vorherrschten, breiteten sich in den wärmeren Zeiten Grassteppen aus. Die Menschen lernten, die Gräser und ihre Früchte, das Getreide, zu nutzen. Wurde das Klima wieder kälter, verschwanden jedoch die nun dringend benötigten Graspflanzen. Der Mensch musste sich ein ums andere Mal umstellen. Er wird nach einem Konzept gesucht haben, wie sich das ständige Auf und Ab wohl besser meistern ließe. Die Vermutung liegt nahe, dass er bei einem wiederholten Kälterückschlag auf die Idee kam, der Natur nachzuhelfen. Er begann, das weniger werdende Wildgetreide anzubauen und zu pflegen, um sich diese Nahrungsquelle zu erhalten. Der Anfang des Ackerbaus war gemacht.

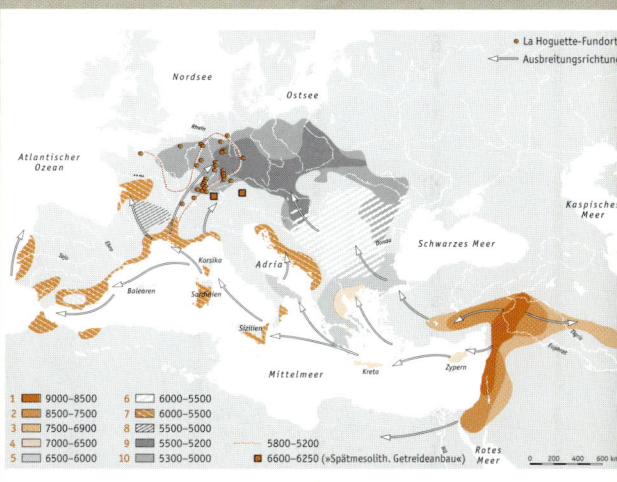

Die bäuerliche Wirtschaftsweise breitete sich vom Vorderen Orient bis nach Mitteleuropa und entlang der Mittelmeerküsten aus.

Der Wolf im menschlichen Rudel

Tiere hielten sich die Menschen zuerst nur als Nahrungsreserve für schlechte Zeiten. Manche Arten wie Wolf und Schakal fügten sich problemlos in das »menschliche Rudel« ein, nahm man sie nur jung genug in dieses auf. Ziegen und Schafe zu halten, ist schon mit mehr Arbeit verbunden, da sie zum Streunen neigen und gehütet werden müssen. Andere Tiere wie etwa Gazellen hielt der Mensch zwar als lebende Fleischreserve, sie wurden jedoch nie domestiziert, weil sie sich in Gefangenschaft nicht vermehren.

Die Neuheiten Ackerbau, Viehzucht und Keramikgeschirr breiteten sich wie ein Lauffeuer über die Türkei, Griechenland und Ungarn nach Mitteleuropa aus und erreichten Mitte des 6. Jahrtausends den Rhein.

Das Experiment

Auch für Zahn- und Schlafforscher ein reizvolles Experiment

Wissenschaftliche Inhalte interessant zu vermitteln und wissenschaftliche Fakten in einer spannenden Geschichte gegenzuchecken sind zwei gute Gründe, um ein neues Fernsehformat zu machen und es „Living Science" zu nennen. Und noch ein dritter Grund kommt dazu: Mehrere wissenschaftliche Institute zeigten Interesse an unserem Experimentaufbau. Da waren zum Beispiel die Freiburger Zahnforscher. Sie reizte an unserem Vorhaben besonders der Umstand, dass unsere Protagonisten während des Experiments auf Zahnbürste und -pasta verzichten mussten, aber auch auf Industriezucker. Beides zusammen ist eine Konstellation, die man in der Jetztzeit nicht ohne weiteres findet. Wie würde die Mundflora also auf diese Herausforderung reagieren, wie die Bakterienzahl im Zahnschmelz? Ebenso bekundeten die Schlafforscher von der Universität Freiburg ihr Interesse. Sie wollten herausfinden, inwieweit sich der Organismus umstellt, wenn er nicht mehr von elektrischem Licht, Lärm, Uhren, Medien und so weiter gereizt, sondern nur noch von Sonnenauf- und -untergang bestimmt wird.

Im Steinzeitdorf gibt es weder Zahnbürste noch Zahnpasta. Deshalb versucht Till, seine Zähne mit einem Stöckchen zu reinigen.

Der allererste Schritt jedoch war: Wir mussten wissenschaftlich plausibel erklären, warum unsere Protagonisten 30 Kilometer vom fischreichen Bodensee entfernt im Hinterland lebten und nicht an seinen fruchtbaren Uferzonen selbst. Das hatte, offen gestanden, zunächst mit unseren Fernsehbedürfnissen zu tun: Der See war einfach zu belebt für unser Experiment, überall Verkehrslärm, Licht und Touristen, zu Fuß, per Rad, mit dem Schlauchboot; das war Seetourismus 2006 n. Chr. und nicht Jungsteinzeit 3300 v. Chr. Aber war diese Gegend 30 Kilometer im Hinterland damals überhaupt besiedelt gewesen? Es gibt in der Umgegend einige Ausgrabungen, die das nahelegen. Und wir fanden, im Dialog mit Fachleuten, noch mehr: ein Motiv für ein Ausweichen der Menschen weg von der Uferzone. Der Bodensee hatte nämlich auch schon damals seine Tücken!

Land unter! –
Die Vorgeschichte „unseres" Dorfes

Bodensee, Anfang März 3301 v. Chr. Schweigend sitzen die Männer auf dem Boden vor der imposanten Hütte, zu hören ist nur das Plätschern der Wellen, die sich nur wenige Meter von ihnen entfernt an den Pfählen brechen, auf denen die über 50 Häuser des Dorfes stehen. Gestern war das Wasser noch weiter weg gewesen, morgen würde es vielleicht schon den Platz hier vor der Häuptlingshütte überfluten. Alle Anwesenden, die Bauern, Fischer, Jäger und Dorfweisen, ahnen, dass das der Grund ist, warum sie der Chef so früh am Morgen zusammengerufen hatte. Da, die Türe öffnet sich. Ein groß gewachsener Mann, tief in den Dreißigern, mit langen braunen Haaren und einem wilden Bart tritt unter die Männer. Nach einem würdevollen Blick in die Runde erhebt er die Stimme und beginnt zu sprechen.

Moment! Sprechen, Sprache – gab es vor 5000 Jahren eine Sprache in unserem heutigen Sinne, mit einer richtigen Grammatik zum Beispiel? Und gab es überhaupt so etwas wie einen Häuptling? Beide Fragen lassen sich klar beantworten: Man weiß es nicht genau. Aber man kann wunderbar spekulieren.

Setzen wir einmal beides voraus, dann hätte die Szene ja vielleicht so ablaufen können: „Männer! Ich habe euch zusammengerufen, weil das Wasser schon wieder unsere Äcker zerstört." Der Häuptling erinnert daran, dass der See nun bereits im vierten Frühjahr in Folge so stark über die Ufer getreten ist, dass selbst die ganz weit im Hinterland gelegenen Äcker unter Wasser stehen. Das Verheerende dabei: Das Hochwasser spülte den Boden mitsamt dem kostbaren Saatgut weg. Aber auch die Hütten waren massiv betroffen; früher hatten die Pfähle stets ausgereicht, sodass selbst bei extremem Hochwasser, wie es ja jedes Jahr zur Schneeschmelze kam, immer noch ein paar Handbreit Luft

Schon vor 5000 Jahren hatte der Bodensee seine Tücken. Hochwasser machte den in Ufernähe siedelnden Bauern das Leben schwer.

zwischen dem Hüttenboden und der Wasseroberfläche gewesen waren. Doch seit vier Jahren spielte der See nun schon verrückt.

Gerade sagt der Häuptling, man müsse nun schnell reagieren. Aber wie? Die Ältesten in der Runde können sich daran erinnern, dass das schon einmal so war, vor vielen Jahren, als sie selbst noch Kinder waren. Damals war das Hochwasser so schlimm gewesen, dass das Dorf kein Jahr länger mit so katastrophalen Saatgutverlusten hätte existieren können; der Hunger war schon seit zwei Jahren zu einem ständigen Begleiter geworden. In ihrer Not hatte sich die Dorfgemeinschaft aufgeteilt, in kleine, überlebensfähige Einheiten von zehn bis fünfzehn Personen. Diese Gruppen waren daraufhin mit ihrer gesamten Habe und ihren Haustieren in verschiedene Richtungen losgezogen und hatten begonnen, im Hinterland kleine Notdörfer zu bauen. Als das Wasser aber auch im nächsten Jahr wieder so stark angestiegen war, hatte man sich auf eine längere Wartezeit im Hinterland eingerichtet und Felder angelegt. Vier lange Jahre ging das so, erzählen die Alten.

„Und so machen wir es diesmal wieder", meint der Häuptling, denn von einer Strategie, die damals richtig und erfolgreich war, kann man doch mit Fug und Recht dasselbe Ergebnis heute erwarten, oder? „Wir ziehen uns ein paar Jahre ins Hinterland zurück, und wenn sich der Frühjahrswasserspiegel irgendwann wieder normalisiert hat, kehren wir zurück!" So wird es beschlossen.

Zum Überleben ins Hinterland

Als sich die Versammlung auflöst, bleiben vier Männer zurück, nennen wir sie der Einfachheit halber Martin, Olliver, Ingolf und Henning. Die vier hatten sich während der Häuptlingsrede immer wieder angesehen und durch Zeichen vereinbart: Wir machen das zusammen! Martin und Olliver haben jeweils Frau und drei Kinder, Ingolf und Henning sind alleinstehende Männer.

„Wisst ihr noch, dieser kleine Weiher im Hinterland?", fragt Martin gerade, „den, an dem wir immer mal wieder Karpfen gefangen haben?"

„Ja", ruft Olli, „ich erinnere mich. Warum fragst du? Was ist mit dem Weiher?"

„Ich denke, das wäre ein guter Platz für uns", sagt Martin, „es wohnt niemand dort, es gibt Fische, Wildschweine, zum Sammeln ist die Gegend auch okay, nicht berauschend, aber zum Überleben reicht's. Was meint ihr?"

„Gute Idee", der sonst eher bedächtige Henning nickt zustimmend und Ingo fügt hinzu: „Und lasst uns auch noch Sophia fragen, ob sie mitwill." Keiner hat etwas gegen Sophia, eine Frau von über 60 Jahren, sehr erfahren im Umgang mit Kindern und im Nähen, so ein Talent kann man immer gebrauchen.

Damit ist es entschieden: Die nun 13 Mitglieder der Sippe würden so bald wie möglich aufbrechen, den kleinen Weiher aufsuchen und die Gegend dort kultivieren, sofern sie noch unbewohnt sein sollte. Als Allererstes müsste Ackerfläche geschaffen werden, um die Frühjahrssaat noch ausbringen zu können. Dann würden sie sich zügig an den Bau zweier Pfahlhäuser machen, eines gro-ßen Wohnhauses und eines kleinen Vorratshauses, in das sie im Herbst die Ernte plus Trockenfisch oder -fleisch einlagern wollten. Wenn alles gut ging, würden sie den Winter 3301 auf 3300 ohne größere Probleme überstehen; freilich, sieben Erwachsene und sechs Kinder waren schon ganz schön viele Leute für ein einziges Wohnhaus, aber schließlich ging es ja auch ums nackte Überleben.

Kürzen wir's ab: Alles geht gut. Die Sippe kommt prima durch den Winter und im Frühjahr beginnen die Männer, ein zweites Pfahlwohnhaus zu bauen. Der Hausbau geht gut voran, bald kann der Firstbalken eingezogen, dann das Dach errichtet werden. Damit wäre der Rohbau in trockenen Tü-chern, alles andere wie Wände, Bö-den, Einrichtung könnte dann relativ problemlos neben der Konservierung von Vorräten her erledigt werden. Falls das Wetter halten würde …

In der Nähe des Steinzeitdorfs tauchen seltsame Gestalten ohne Bärte und mit kurzen Haaren auf, die sonderbare Ge-räte mit sich führen.

Am Vormittag des 31. Juli 3300 v. Chr. ist es noch schön. Doch Olli war drau-ßen auf der Weide vor dem Wald schon der dunkle Strich am Himmel aufgefal-len, dort hinten, in Richtung Bodensee. „Na ja, ein paar Tage Regen würden dem Korn nach der langen Trockenheit im Juli sicher guttun", hatte er gedacht.

Und da ist noch etwas anderes an diesem Tag: Am Weiher tauchen mehrere Männer auf, fremdartig gekleidet, seltsam aussehend, mit meist kurzen Haaren und völlig ohne Bärte, einer davon hat einen schwarzen Kasten auf der Schul-ter, in den er ständig hineinschaut und dabei immer wieder sagt: „Kamera läuft!" Der 31. Juli 3300 v. Chr. ist also der Tag, an dem die TV-Dokumentation in die Geschichte einsteigt. Nicht, dass die Sippe eineinhalb Jahre vor dem Fernseh-team hier am Weiher eingezogen wären, nein: Das, was bisher erzählt wurde, ist die gedachte Vorgeschichte, so wie sie hätte passieren können, so wie sie wohl auch immer wieder am Ufer des Bodensees passiert ist – ausgelöst vom ewigen Auf und Ab des Wasserspiegels.

Nah am Wasser gebaut

Etwa 500 meist aus mehreren Siedlungsphasen bestehende Seeuferdörfer sind rund um die Alpen bereits entdeckt worden. Seit dem Ende des 5. Jahrtausends v. Chr. werden im nördlichen und südlichen Alpenvorland gezielt Seeufer und Moorränder als Siedlungsgebiete aufgesucht. Mit mehreren Unterbrechungen setzt sich diese Sitte bis in die späte Bronzezeit fort. Andere Gegenden, in denen ähnliche naturräumliche Vorgaben herrschten, wie etwa die Mecklenburger Seenplatte oder die Seen- und Moorgebiete Skandinaviens, haben dagegen nur wenige Feuchtbodensiedlungen erbracht.

Warum rückten die Menschen also gerade rund um die Alpen so nah ans Wasser? Sie nahmen feuchte Fußböden oder drohendes Hochwasser in Kauf und wohnten auf ständig überflutetem Terrain. Was bot ihnen diese Situation an Vorteilen?

Verschiedene Antworten stehen zur Auswahl. Einerseits ist gerade in den Zeiten eine intensive Besiedlung der Seeufer zu verzeichnen, in denen auch in den benachbarten, fruchtbaren Altsiedellandschaften rege Bautätigkeit herrscht. Möglicherweise wurde der Platz in den besseren Gebieten knapp und man wich auf Randgebiete wie Seeufer aus. Doch dazu hätten die Siedler sich nicht ganz so nah an den See und noch dazu auf feuchten oder nassen Grund wagen müssen. Vielleicht kam ein Sicherheitsbedürfnis hinzu, das mit einer von Wasser umgebenen Siedlungslage gestillt werden konnte.

Renovierungsarbeiten im Pfahlbaumuseum: In Unteruhldingen können die Gebäude der Steinzeit eingehend studiert werden.

Die Ethnologie bietet Vergleichsbeispiele für eine solche Lebensweise. Im westafrikanischen Benin etwa trieben soziale Unruhen und Kriege die Bauern seit dem 16. Jahrhundert an die Ränder von Seen und Mooren. Auch hier gibt es ufernahe Siedlungen, die auf trockenem Grund ebenerdig angelegt werden konnten, doch flohen die Menschen bis in Flachwasserzonen hinein. Am großen See von Nokoué im Süden Benins befinden sich Siedlungen in Uferbereichen, die durch die jährlichen Seespiegelschwankungen mehrere Wochen überspült sind. Auch hier stehen die Häuser wie am Bodensee auf Stelzen.

Ein Domizil für begrenzte Zeit

Ein Vorteil des feuchten Untergrundes war darüber hinaus, dass Pfahlbauten schnell zu errichten waren. Eichenpfähle konnten bis zu vier Meter tief in den Boden getrieben werden, ohne dass die Bauherren dazu erst ein Pfostenloch wie an Land hätten ausheben müssen. Aber man brauchte spezielle Kenntnisse, um mit dem schwierigen und instabilen Baugrund zurechtzukommen. Auch war die Haltbarkeit der Pfahlbauhäuser begrenzt: sie standen oft nur wenige, längstens einmal 20 Jahre. Nutzen zogen die Siedler sicherlich aus der Lage am See. Fischfang bereicherte den Speiseplan und auf dem Wasser konnten sie ihre Waren bequem mit Einbäumen transportieren.

Alle diese Vorteile führten jedoch nicht zu einem zwangsläufigen Besiedeln der Seeufer, sonst wäre dies in allen vergleichbaren Landschaften geschehen. Es muss in den Pfahlbaugebieten eine gewisse Bereitschaft gegeben haben, der Wassernähe wegen Kompromisse einzugehen. Zuerst scheint diese Bereitschaft auch bei den Siedlern im Alpenvorland nicht geherrscht zu haben. Während hier erst Ende des 5. Jahrtausends v. Chr. die Seeufer besiedelt wurden, gab es Feuchtbodensiedlungen bei den ersten Bauern im westlichen Mittelmeerraum schon im 6. Jahrtausend v. Chr. Von dort breitete sich diese Sitte nach Norden aus. Die mediterrane Wohntradition erreichte zuerst die Alpenrandgebiete und kam dann auch in Mittel- und Osteuropa in Mode.

Martin

Claudia

Till

Die Protagonisten und die beratenden Wissenschaftler

Im November 2005 hatten wir über Hörfunk und Fernsehen einen kurzen Trailer gesendet, in dem wir Zuschauer beziehungsweise Zuhörer aufforderten, sich zu bewerben. Als Voraussetzungen nannten wir Neugierde, ein nachvollziehbares, starkes Interesse an dem Thema „Steinzeit" und am Experiment sowie eine lebhafte Kommunikation untereinander. Das alles brachten die dreizehn ausgewählten Protagonisten mit, egal ob vier oder dreiundsechzig Jahre alt. Jeder ist eine starke und interessante Persönlichkeit. Und alle haben Humor. Den sollten sie auch brauchen …

Wir nennen sie nur der Einfachheit halber „die Burbergs". Wenn man ihnen gerecht werden wollte, müsste man nämlich jedes Mal umständlich von den „Burberg-Junker-Matthes-Peters-Fenner-Schusters" reden. Eines war nämlich ganz schnell klar gewesen: Einen Chef würde diese Gruppe aus Individualisten nicht so einfach akzeptieren. Das stand auch gleich als erster Punkt in dem Fragebogen, den jeder Bewerber auszufüllen hatte: „Wir legen Wert auf eine hierarchiefreie Struktur. Jede/r übernimmt Rollen je nach persönlichen Fähigkeiten. Wie wir damit umgehen, wird sich zeigen."

Für uns war das eine hochinteressante Konstellation: Würde das gut gehen, mit gesellschaftspolitischen Überzeugungen von heute in eine Zeit vor 5000 Jahren zu reisen? Würden sie mit ihrer Skepsis gegen Machtstrukturen nicht schnell in schwerste Wetter kommen?

Doch der Reihe nach. Das sind sie, unsere Stars:

Martin Burberg, 46, von Beruf Töpfer. Die Burbergs haben sich in der Nähe von Marburg auf dem Dorf ein wunderschönes altes Bauernhaus gekauft, das sie zur Töpferwerkstatt umgebaut haben. Bei der Bewerbung fragten wir ihn: „Bei welcher Situation würden Sie aus dem Projekt aussteigen?" Seine Antwort: „Wenn nach vier Wochen Dauerregen keine Aussicht auf Besserung besteht!" Worte, an die wir nach der dritten Woche Dauerregen mit weiterhin düsteren Prognosen ziemlich oft denken mussten. Ein weiterer spannungsreicher Punkt: „Bin kurzsichtig. Trainiere seit

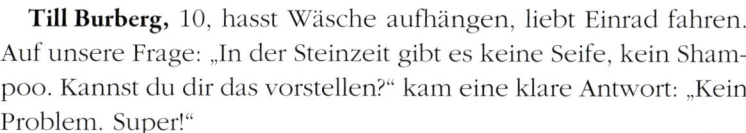

vier Wochen ohne Brille klarzukommen, um Abhängigkeiten zu reduzieren."

Claudia Burberg, 39, gelernte Krankenschwester mit der Erfahrung von zum Beispiel zwei Jahren Intensivstation, sehr kenntnisreich in Sachen Kräuter und Naturheilmittel. Es war naheliegend, dass ihr die medizinische Kompetenz der Sippe zufallen würde. Ihre Motive, an der Zeitreise teilzunehmen: „... mit meinen Kindern Geschichte zu leben und erleben, ihnen einen Einblick in ein ‚einfaches' Leben zu geben, heute ist es ja, durch den Gruppenzwang, fast nicht mehr möglich, Kinder ein Leben ohne Konsum, TV, Computer et cetera entdecken zu lassen. Ich wünsche mir, dass diese Erfahrung den Kindern Selbstbewusstsein gibt." Und für sich selbst? „Es ist eine alte Sehnsucht, einmal die Zeit zurückdrehen zu können."

Till Burberg, 10, hasst Wäsche aufhängen, liebt Einrad fahren. Auf unsere Frage: „In der Steinzeit gibt es keine Seife, kein Shampoo. Kannst du dir das vorstellen?" kam eine klare Antwort: „Kein Problem. Super!"

Roman Burberg, 6, geht noch in den Kindergarten, ist nach eigener Aussage zuständig dafür, regelmäßig die Spülmaschine auszuräumen, den Tisch abzudecken und wöchentlich sein Zimmer aufzuräumen. Laut Fragebogen wollte er unter anderem: Lehm holen, Kleinholz sammeln, Körner mahlen, Beeren sammeln, Geschirr abtrocknen. Genau daran werden ihn später seine Eltern immer wieder erinnern.

Mitja Burberg, 3, Wonneproppen 1.

Britta Matthes, 32, nach eigenen Angaben „Hausfrau". Und was heißt das? Unter anderem „Tiere füttern, Holz hacken, melken, Wäsche (da kein Strom) mit der Hand waschen, wenn Zeit da ist: Wollverarbeitung und käsen". Wieso „kein Strom"? Der Grund: Britta lebt mit ihrem Mann bei Bad Berleburg auf einem Bauernhof, und zwar einem, der nicht an das Stromnetz angeschlossen ist. „Ich kann mich schwierigen Gegebenheiten anpassen, weil ich das in meinem Alltag immer wieder tun muss, mal geht der Generator kaputt, dann fällt die Wasserpumpe aus, dann mal wieder das Licht ... ich habe gelernt, dieses Chaos mit drei Kindern zu organisieren."

Olliver Junker-Matthes, 40, der Mann mit der auffälligsten Frisur und dem schillerndsten Lebenslauf. Olli kommt, wie sein Iroke-

Roman

Mitja

Britta

Olliver

Ronja

Merlin

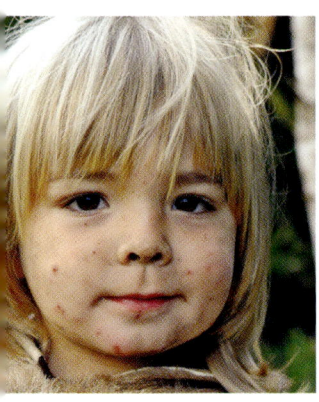

Taliesin

Sophia

senschnitt unzweideutig belegt, aus der Punkszene. Irgendwann zog er mit ein paar Freunden aufs Land und entdeckte dort seine Berufung. Er kaufte einen Hof, wurde Schafzüchter und „Holzrücker". Für die, die das nicht kennen: Ein Holzrücker holt die Bäume mit einem Pferd aus unzugänglichen Gebieten, da wo die gewaltigen „Harvester", die modernen „Baumfäll-Entast-Entrind-Maschinen", nicht hinkommen. „Ich habe keinen Beruf erlernt, mir aber sehr viele Fähigkeiten angeeignet… Ich bin gleichzeitig Bauer, Manager, Tier- und Landschaftspfleger, Maurer, Zimmermann, Dachdecker, Sekretär, PR-Spezialist." Gut für ihn, gut für uns und gut für die restliche Sippe, denn das „Steinzeit"-Experiment würde Olli in fast allen seinen Begabungen fordern.

Ronja Matthes, 10, nennt unter Hobbys als erstes und zweites: „Schminken, Verkleiden." Und da war sie dann auch sehr kreativ: Ronja schaffte es immer, entweder durch einen kühn gebundenen Lappen oder eine frech getragene Kappe, einen Hauch von modischem Chic in unser archaisches Experiment zu bringen. Und auch beim Thema Schminken war sie schöpferisch-kreativ: „Das geht auch mit Erde oder Holzkohle."

Merlin Matthes, 8, Hobbys: „Singen, Kämpfen". Wie Roman sollte auch er später mit seinen Fragebogen-Versprechungen „Holz sammeln, Werkzeuge machen, beim Schlachten helfen, Fische fangen, Häuser bauen, weben, Tiere füttern" konfrontiert werden und Probleme bekommen.

Taliesin Matthes, 4, Wonneproppen 2.

Frauke Sophia Peters, 63, gelernte Schneiderin. Sie führt ein Tagungshaus in Wasserkoog an der Nordsee und leitet dort unter anderem Schwitzhütten, eine Reinigungszeremonie der Indianer Nordamerikas. Vom Jahrgang her fiel ihr sehr schnell die Oma-Rolle zu, zur Freude aller sechs Kinder. Nicht zuletzt durch ihr Wissen um indianische Riten war sie der ruhende Pol der Sippe.

Henning Fenner, 35, als Landschaftsgärtner auch mit dem Thema Wanderhüttenbau tangiert. Damit schien er prädestiniert für den Job des Dorfarchitekten. 2004 wurde er Hessenmeister im Langbogenschießen auf 3-D-Ziele, ein Grund, warum die Steinzeit für ihn einen ganz besonderen Reiz hatte. Sein Traum, einmal mit Pfeil und Bogen jagen zu können, sollte jedoch an der Härte der deutschen Jagdgesetzgebung zerschellen. Ansonsten: kein Freund langer Reden, sieht aus wie der Gitarrist einer Heavy-Metal-Band.

Henning

Ingo Schuster, 51, gibt als Beruf „Lebenskünstler" an. Er hat viele unterschiedliche Dinge gemacht, darunter die Bewirtschaftung einer schweizerischen Alp mit 40 Kühen und täglicher Weiterverarbeitung der Milch zu Käse, ein Knochenjob, denn eine solche Alpsaison dauert 100 Tage. Zur Zeit unseres Castings war er Hartz-IV-Empfänger und hatte den Chef eines kleinen Museum davon überzeugt, als „Ein-Euro-Jobber" eine Abteilung „Vor- und Frühgeschichte" aufbauen zu können. Von diesem Wissen profitierte er in den Alpen ungeheuer. Frage: „In welchen Situationen haben Sie Ihre Teamfähigkeit schon unter Beweis gestellt?", Antwort: „Seit 18 Jahren Doppelkopf. Mit fast immer denselben Leuten." Überzeugt!

Ingo

Neben unseren Protagonisten, die Pionierarbeit leisten sollten, waren auch noch unsere Wissenschaftler beratend mit am Set.

Die Steinzeitspezialisten

Harm Paulsen, Archäotechniker und Mitarbeiter am Archäologischen Landesmuseum Schloss Gottorf in Schleswig. Harm Paulsen kann auf 43 Arten Feuer machen, er braucht dazu weder Streichholz noch Feuerzeug. Er rekonstruiert Einbäume, Hütten, Werkzeuge und Waffen, schärft Feuersteinklingen, und das alles mit den Mitteln der Steinzeit. Ganz nebenbei hat er es im Schießen mit seinen archäologisch detailgetreu nachgebauten Waffen zur Nordischen Meister-

Harm Paulsen

Anne Reichert

Urs Leuzinger

schaft gebracht. Paulsen ist Radartechniker von Beruf, aber von Kindesbeinen an hat er sich dafür interessiert, wie Menschen in der Steinzeit lebten. Ihm reicht es nicht, Bücher zu wälzen oder Funde zu kartieren. Er möchte die Steinzeit leben. In unserem Projekt übernahm Harm Paulsen die Funktion des „Instructors", der immer dann einspringt, wenn die Menschen im Experiment an ihre Grenzen stoßen.

Anne Reichert, Experimentalarchäologin. Die temperamentvolle Wissenschaftlerin aus Bruchhausen ist eine anerkannte Spezialistin für Rekonstruktionen aus Fasern, Holz, Rinde, Leder, Fell und Lehm. Ihre Hände ruhen nie, ständig werden Gräser gerupft und sofort auf ihre Tauglichkeit zum Zwirnen überprüft. Die Regale ihrer Wohnung stehen voller Materialien, selbst getöpferter Steinzeitgefäße und anderer Rekonstruktionen. Sie stellte für die Alpenüberquerung unserer Protagonisten Rekonstruktionen der original Ötzi-Schuhe und der Matte her, die vielfach noch für einen Grasmantel gehalten wird.

Dr. Urs Leuzinger, Archäologe am Museum für Archäologie in Frauenfeld in der Schweiz und Leiter der Ausgrabungen in Arbon Bleiche 3 auf der Schweizer Seite des Bodensees, einem archäologischen Juwel. Eine Feuersbrunst hatte 3370 v. Chr. das Pfahlbaudorf zerstört und eine kurz darauf einsetzende Regenflut die verkohlten Reste begraben. Für die Schweizer Archäologen, die über 5000 Jahre später die Trümmer freilegten, ist die Katastrophe ein „Riesenglücksfall". Urs Leuzinger schwärmt: „Der Brand, die schnelle Überschwemmung, die meterdicke Sandschicht haben alles konserviert." Sein Wissen war in unserem Experiment ständig gefragt. Urs Leuzinger lehrt an der Universität Innsbruck.

Dr. Gunter Schöbel, Archäologe, Leiter des Pfahlbaumuseums in Unteruhldingen. Die Menschen aus der Steinzeit und das, was sie der Nachwelt hinterlassen haben, haben ihn schon immer fasziniert. Als 15-Jähriger machten ihm Grabungstechniker in Stuttgart einen Ferienjob schmackhaft, der seinen beruflichen Weg entscheidend beeinflussen sollte. Schöbel studierte Vor- und Frühgeschichte in Tübingen und Freiburg. 1990 wurde er wissenschaftlicher Leiter des Pfahlbaumuseums Unteruhldingen am Bodensee, vier Jahre später Museumsdirektor. Gunter Schöbel und seine Mitarbeiter bauten unsere Pfahlhäuser, fertigten Werkzeuge und Ausstattungsstücke; im Museum fand auch das einwöchige Coaching statt, die Vorbereitung der Protagonisten auf ihr Leben in der Jungsteinzeit. Übrigens ist das Filmset mit den drei Häusern inzwischen ins Pfahlbaumuseum Unteruhldingen gebracht worden und dort mit allen Ausrüstungsgegenständen zu besichtigen (www.pfahlbaumuseum.de).

Gunter Schöbel

Professor Dr. Walter Leitner, Institutsleiter am Institut für Archäologien der Universität Innsbruck. Er erforscht vor allem das archäologische Umfeld von Ötzi, dem Mann aus dem Eis, und die hochalpine Archäologie. Leitner betreut Ausgrabungen von steinzeitlichen Jagdstationen in Osttirol, Nordtirol und Vorarlberg. Da zwei der Protagonisten des Projektes in steinzeitlicher Ausrüstung über die Alpenkette nach Norditalien gehen sollten, stellten sich wichtige Fragen: Welche Wege könnten steinzeitliche Alpenüberquerer gegangen sein und wie haben sie sich orientiert? Wie schnell kamen sie voran? Was taugte die Ausrüstung, die Ötzi bei sich trug, etwa sein Grasumhang, von dem man mittlerweile weiß, dass er ein Vorläufer der Isomatte war? Und wie könnten sich die Menschen der Steinzeit unterwegs mit Nahrung versorgt haben? Zusammen mit der SWR-Wissenschaftsredaktion hat Walter Leitner die Route der Alpenüberquerung ausgearbeitet.

Walter Leitner

Thomas Patzleiner, Überlebenstrainer. Der ausgebildete Heilmasseur hat in Oregon bei den Apache-Indianern gelebt, auf Reisen seinen Blick für die Natur geschult und beim Survival-Spezialisten Tom Brown junior trainiert. In seiner 1997 gegründeten „Überlebensschule Tirol" will Thomas Patzleiner das Wissen und die Fähigkeiten unserer Vorfahren und der Naturvölker vermitteln, also die Dinge, die es ermöglichen, im Gleichklang mit der Natur zu leben: „Wenn Menschen beginnen, ihre Wahrnehmung und Achtsamkeit gegenüber der Welt, die sie umgibt, zu erweitern, sind die Resultate bemerkenswert. Sie nehmen sich die Zeit, auf ihre innere Stimme, auf ihre Intuition und ihr Herz zu hören. Sie beginnen, ihre Umwelt zu achten, zu respektieren und zu schützen." Im „Steinzeit"-Projekt hat Thomas Patzleiner die beiden Protagonisten geschult, die auf ihrer Tour über die Alpen der rauen Natur ausgesetzt sein sollten. Während der ersten Tage der Wanderung unterstützte der Trainer die beiden „Ötzis".

Thomas Patzleiner

Was ein Steinzeitmensch alles wissen und können sollte: Das Coaching

Montag, 24. Juli, 15:38 Uhr: Es war, als ob man eine Kanone abgeschossen hätte. Dem gewaltigen Rums war ein bleiernes Schweigen gefolgt, Rauch stand in der schwül-heißen Luft, Entsetzen in den Gesichtern ...

„Es war doch nur ein Topf", würde wahrscheinlich jeder andere sagen. „Es war eine Splitterbombe!!!", meinten dagegen die Beteiligten, die bleich um die Feuerstelle auf der Coachingwiese des Unteruhldinger Pfahlbaumuseums standen.

Was war passiert? Ein großer Keramiktopf im Feuer war plötzlich explodiert und die Scherben waren nur so durch die Gegend geschossen, nicht auszudenken, wenn da einer zum Beispiel im Gesicht getroffen worden wäre. „Das konnte leider im Neolithikum jederzeit passieren", meinte Museumsdirektor Gunter Schöbel, der den Vorfall sofort rekonstruieren wollte, „möglicherweise waren die Topfwände ungleich dick und der Topf zu wenig gefüllt, sodass sich die Hitze nicht gleichmäßig verteilte, sondern an einer Stelle die Struktur zu stark beanspruchte. Und dann stand der Topf vielleicht zu weit im Feuer, man muss ihn zur rechten Zeit zur Seite ziehen."

Donnerwetter! Das war gleich eine deftige Einführung in das Abc des Jungsteinzeitalltags: Er war offenbar nicht nur beschwerlich, sondern barg auch Gefahren, die man 2006 einfach nicht mehr auf der Rechnung hat. Oder ist Ihnen schon mal beim Kochen ein Topf um die Ohren geflogen?

Riesenschreck beim Coaching: Ein Keramiktopf im Feuer explodiert.

Rauchen gegen Bronchitis

Die Situation auf der Wiese hatte sich mittlerweile etwas entspannt. Und auch der Rauch hatte eine gänzlich andere Note bekommen, so herb-würzig … „Sagt mal, raucht hier etwa einer einen Joint?"

„Nö", meinte Henning lakonisch, „aber so etwas Ähnliches." Und dann zog er einen Lederbeutel aus der Tasche und zeigte den Inhalt: „Getrockneter Huflattich: der ideale Tabakersatz!" Er hatte zusammen mit Ingo und Martin in den letz-ten Monaten immer wieder probiert, sich rechtzeitig vor dem Einzug in die Steinzeit das Rauchen abzugewöhnen, vergeblich. Und so hatten sie eben im Internet recherchiert und Huflattich als Ersatzlösung gefunden: Er sei „Schleim lösend, Aus-wurf fördernd, Hustenreiz mildernd, entzündungshemmend", heißt es zum Beispiel bei www.kraeuterfrau.ch, und weiter: „Blätter rauchen oder den Rauch durch einen Trichter einatmen ist ein uraltes Rezept bei chronischer Bronchitis." Das gefiel unseren Protagonisten natürlich: Rauchen sollte plötzlich gesund und auch noch gut bei Raucherhusten sein? Raucher-träume!

Große und Kleine lernen für den Steinzeitalltag.

Damit waren wir schon mittendrin im Coaching unserer Protagonisten. Eine Woche lang sollten sie in der großartigen Kulisse der Pfahlbauten am Bodensee einen Überblick über das bekommen, was man in der Steinzeit wusste, was man zu können hatte und was es einfach noch nicht gab. Explosionssicheres Kochgerät zum Beispiel. Oder Zigaretten.

Dieses Thema – Rauchen – hatte für einen aus der Sippe seit drei Tagen eine ganz besondere Wendung bekommen. Unsere 13 Protagonisten hatten nämlich auf ihrer Fahrt vom heimischen Hessen an den Bodensee in Freiburg Zwischen-station gemacht. Dort wurden sie im sportmedizinischen Institut der Universität gründlich durchgecheckt.

Auf Ingo allerdings wartete ein sehr unangenehmes Ergebnis. Der Lungen-funktionstest ergab bei ihm, dass die Kapazität seiner Lungen um 50 bis 60 Pro-zent vermindert war. „Scheiß Qualmerei …" Ingo brauchte nicht lange nach den Ursachen zu suchen. Dass er nicht bestens drauf war, das wusste er schon vor-her, aber nur halbe Lungenkapazität? Er beschloss noch auf dem Flur der Klinik, das Rauchen aufzugeben – eine bessere Gelegenheit würde sich ihm so schnell nicht bieten.

Dieser Lungenfunktionstest war nur einer von vielen Punkten auf der Checkliste der Universität Freiburg gewesen. Gleich mehrere Institute hatten sich für unsere Experimentanordnung interessiert und wollten sie zu Forschungszwecken nutzen.

Zum Beispiel die Abteilung Präventive und Rehabilitative Sportmedizin: Sie wollte wissen, wie Bewegungsapparat und Fitness auf die motorischen Leistungsanforderungen innerhalb des Projekts reagieren; zum Beispiel die Abteilung für Zahnerhaltungskunde und Parodontologie: Sie wollte wissen, inwieweit sich durch den grundlegenden Wechsel von Ernährungs- und Lebensbedingungen die Zahnhartsubstanz, das Zahnfleisch, die bakterielle Besiedelung der Mundhöhle und der Speichelfluss ändern; zum Beispiel die Sektion für Klinische Psychologie und Psychophysiologie/Schlafmedizin: Die Wissenschaftler dort wollten wissen, wie sich der Schlaf-wach-Rhythmus fern der Zivilisation mit dem natürlichen Hell-dunkel-Wechsel synchronisiert.

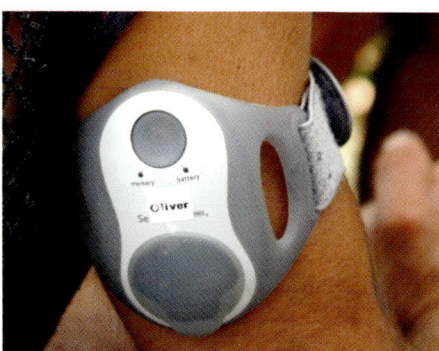

Das Aktometer, ein Messgerät, das es in sich hat

Um die gewünschten Ergebnisse auch zu bekommen, wurden die Protagonisten zum einen vor und nach dem Experiment untersucht, während des Experiments maß ein so genanntes Aktometer, ein kleines, armbanduhrähnliches Gerät, das allerdings um den Oberarm getragen wurde und Daten wie Kalorienverbrauch, Hauttemperatur, Herzfrequenz, Schrittzahl, Liegezeit oder Schlafzeit speicherte.

Um es gleich klar zu sagen: Die Kombination der Größen „Liegezeit", „Herzfrequenz", „Kalorienverbrauch" und (späte) „Uhrzeit" ließ keineswegs Rückschlüsse auf pikante Details des Ehelebens zu, das konnten die Schlafmediziner uns garantieren. Und das lag ja auch überhaupt nicht in ihrem forscherischen Interesse.

Die Reiseroute durch die Alpen

Zurück zum Coaching: Am Freitag waren die Alpen Thema, von Henning und Ingo mit Spannung erwartet. Von der Universität Innsbruck kam der Montanarchäologe Walter Leitner, um die Route mit den beiden durchzusprechen: Zuerst

Ingo und Henning schauen sich die Route für ihre Alpenüberquerung an.

mit dem Einbaum über den Bodensee, dann zu Fuß von Bregenz aus durch Vorarlberg, das Kleinwalsertal, Lechtal, Inntal, Pitztal, Ötztal, Schnalstal, Meran, Bozen. „Ich habe die Route nach folgenden Gesichtspunkten zusammengestellt", erklärte Professor Leitner: „Wo auf der Strecke haben wir Funde? Und: Welche Routenführung scheint zu einer Zeit ohne Brücken Erfolg versprechend zu sein?"

Thomas Patzleiner, Chef der „Überlebensschule Tirol", kümmerte sich um die Punkte „Übernachten", „Wanderstrategie" und „Ernährung". Vor allem der letzte Punkt war mit vielen Fragezeichen versehen: Wo sollte man in Höhen zwischen 2000 und 3000 Meter etwas zu essen herkriegen? Jagen? Mit Pfeil und Bogen? Das war – wie in Deutschland – per Gesetz verboten.

Doch Thomas war sich sicher: „Die haben Vorräte dabeigehabt und ich denke, dass sie es nicht viel anders gemacht haben als die Indianer Nordamerikas." Sein Rezept: Pemmikan, getrocknetes und zerstoßenes Fleisch, das mit ausgelassenem Fett und getrockneten Beeren vermischt und zu einer festen Masse zusammengedrückt wird. „Schmeckt toll, hat viele Kalorien und ist reich an Vitaminen." Die Begeisterung wurde von Ingo und Henning nicht in vollem Umfang geteilt, man spürte, dass sie sich gerade von ihrem ersten Alpenklischee verabschiedeten, vom Steinbockbraten, der vor einer schützenden Felswand über einem flackernden Lagerfeuer schmurgelte …

Entwicklungshelfer aus dem Osten

Die Errungenschaften der „Neolitischen Revolution" gelangten im Eiltempo vom Vorderen Orient nach Mitteleuropa. Wie aber muss man sich die Verbreitung von Ackerbau und Viehzucht vorstellen? Wanderten Bauern aus dem Osten zuhauf in Mitteleuropa ein und verdrängten die einheimischen Jäger und Sammler? Oder lernten Letztere nur die neuen Ideen kennen und änderten überzeugt von den Innovationen ihre Lebensweise? Über diese Fragen wird bis heute gestritten.

Das gleiche Problem stellt sich auch für die ersten Haustiere der mitteleuropäischen Bauern. Schaf, Ziege, Schwein und Rind tauchen als Haustiere gleich zu Anfang in allen Siedlungen auf. Haben Einwanderer diese Tiere mitgebracht oder sind es Neuzüchtungen nach dem Vorbild des Vorderen Orients? Für Schaf und Ziege ist dies leicht zu beantwor-

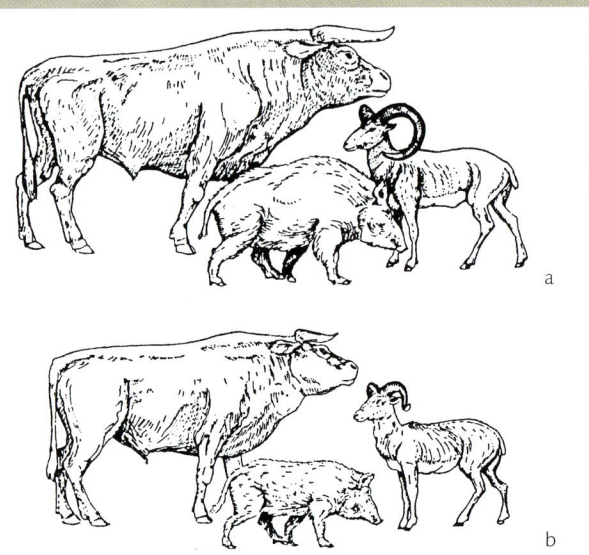

ten: Sie hatten in Mitteleuropa keine wilden Verwandten, aus denen man sie hätte züchten können. Diese Wildformen gab es nur im Vorderen Orient. Die domestizierten Tiere müssen von dort mitgebracht worden sein.

Für Schwein und Rind ist die Lage nicht so eindeutig. Sie könnten Neuzüchtungen aus heimischen Wildschweinen und Auerochsen sein. Mit genetischen Untersuchungen konnte das „Rinderdilemma" kürzlich gelöst werden. Der mitteleuropäische Auerochse und das Hausrind unterscheiden sich in ihren Genen deutlich voneinander. Wie Schafe und Ziegen wurden demnach auch die Hausrinder zu Beginn der Jungsteinzeit nach Mitteleuropa mitgebracht. Ein weiteres Indiz für einen Import des Hausrindes sehen die Genetiker darin, dass

Die wilden Verwandten Ur, Wildschwein und Wildschaf (a) sind deutlich größer als die Zuchtformen von Rind, Schwein und Schaf (b).

die neolithischen Rinder Europas in ihrer DNS eine sehr homogene Gruppe bilden – und das ist nur dann der Fall, wenn sich die gesamte Population auf wenige Individuen gründet. Hier kommt nun der Mensch ins Spiel. Mindestens zweimal selektierte er den Genpool der Rinder, einmal, als er sich einige Wildtiere aussuchte, die er domestizierte, und ein anderes Mal, als er nur bestimmte Individuen auf die Reise gen Westen mitnahm.

Suche nach genetischen Spuren

Indirekt ist durch die Einfuhr von Tieren auch die Einwanderung von Menschen aus dem Vorderen Orient bewiesen, denn irgendjemand muss die Haustierherden ja in den Westen gebracht haben. Nur, wie viele fremde Bauern kamen ins Land? Gab es einen regelrechten Treck nach Westen, der die einheimische Bevölkerung ins Abseits drängte?

Ein wichtiger Schritt zur Beantwortung dieser Fragen ist den Genetikern im Jahre 2005 gelungen: Aus 24 menschlichen Skeletten der Zeit von 5500 bis 5000 v. Chr. konnte mütterlicherseits vererbtes, mitochondriales Erbgut isoliert werden. Überraschenderweise besaß ein Viertel der untersuchten Skelette einen DNS-Typ, der unter den heutigen Europäern kaum vertreten ist. Dass dieser Gentyp im Neolithikum kein lokales Phänomen war, beweist sein Vorkommen bei Skeletten nicht nur aus Deutschland, sondern auch aus Ungarn. Auch heute ist dieser Typ noch weit verbreitet. Er findet sich in Europa, Asien und Nordafrika, nur ist er jetzt einhundertfünfzigmal seltener als damals. Das Fazit: Die heutigen Europäer können in der mütterlichen Linie nicht von den ersten Bauern abstammen.

Dass diese Bauern so wenig genetische Spuren hinterlassen haben, lässt sich mit zwei Szenarien erklären. Zum einen könnte es nach der ersten Phase der Jungsteinzeit zu einem fast völligen Bevölkerungsaustausch in Europa gekommen sein. Doch hierfür gibt es keine archäologischen Hinweise. Ein wahrscheinlicheres Szenario ist deshalb, dass sich die erste Bauernkultur nicht durch massive Einwanderung in Europa verbreitete, sondern nur wenige Menschen mit neuen Ideen ins Land kamen. In dieser Theorie würde der heute seltene DNS-Typ von den eingewanderten Bauern stammen, während er unter den einheimischen Wildbeutern rar oder nicht vorhanden war. Da die Jäger und Sammler in der Überzahl waren, ist der spezielle DNS-Typ der ersten Bauern heute kaum noch im Genpool nachweisbar. Nach dieser Hypothese stammen die heutigen Europäer also vor allem von der einheimischen mesolithischen Bevölkerung ab.

Die Ergebnisse fügen sich bestens zu den Erkenntnissen der Archäologie. Denn im Fundmaterial kann ebenfalls keine massive Einwanderung zu Beginn der Jungsteinzeit ausgemacht werden. Eine Kontinuität in der Feuersteinverarbeitung beweist stattdessen, dass die wildbeuterische Bevölkerung nicht mit der Jungsteinzeit ausgestorben ist. Daher plädiert auch die archäologische Seite für das Modell „Entwicklungshelfer": Wenige eingewanderte Bauern brachten der einheimischen Bevölkerung die landwirtschaftlichen Kenntnisse nahe.

Das Dorf – oder:
Der prähistorische „Baumarktblick"

Unterankenreute, Mittwoch, 19. April 2006, kurz nach Ostern. Auf einem Holz-fuhrweg zu unserem Weiher hatte „Steinzeit"-Regisseur Martin Buchholz eine überraschende Begegnung: zwei Lastkraftwagen, die gerade, voll beladen, im feuchten Fahrweg zu versinken drohten; „Was'n da drin?", wollte er von den Fahrern wissen? „Na, das Holz für die drei Pfahlbauten …"

Zwei Lastkraftwagen voller Holz! Stellen Sie sich dieses Bild kurz vor und Sie haben eine Idee von der logistischen Meisterleistung, die ein Hausbau im Neo-lithikum bedeutete: Pro Pfahlbau musste eine enorme Menge Holz, umgerech-net auf heutige Verhältnisse eine drei viertel Lastkraftwagen-Ladung, aus dem Wald geschleppt werden. Und das heißt: Das Holz musste davor erst mal pass-genau gefunden, dann gefällt und entastet werden.

Auch Martin Buchholz war so sehr von dieser Dimension beeindruckt, dass er gleich das Kamerateam holte und die sich durch den Schlamm pflügenden Lastkraftwagen filmen ließ.

Rund vier Monate dauerte allein die Materialbeschaffung, so rechnen Wissen-schaftler. 16 Wochen wäre also unsere Sippe durch die Wälder rund um den Weiher gestreift, suchend nach dicken und dünnen Prügeln, vielen langen schlanken Pfählen und vor allem vier dicken hohen Pfählen, am besten mit ei-ner Y-Gabel in sechs Metern Höhe, die später dann den quer liegenden First-balken halten sollten. Wenn Steinzeitleute so durch den Wald zogen, hatte das etwas von einem Baumarktbesuch: Jeder Baum, jede Pflanze wurde ausschließ-lich unter Verwertbarkeitskriterien betrachtet, ein prähistorischer „Baumarkt-blick" sozusagen. Da: Brennnessel – besonders gut, um Seile daraus zu drehen, hier: der Nebentrieb eines Baumes – prima, kommt als Prügel in die Seiten-wand, dort drüben: Weidenzweige – super für das Flechten von Zwischenwän-den, fehlt nur noch … ach ja, da hinten, in der Senke: Lehm, zum Verfugen von Wänden und Böden.

Und so sah unser Dorf aus: Ein kleiner Weiher, das Fuchsenloch, im Himmel-reichmoos, einem ehemaligen Torfstich bei Unterankenreute im Kreis Ravens-burg; an seinen dicht bewaldeten Ufern erheben sich zwei Pfahlbauten, das grö-ßere der beiden steht mit einem Pfahl im Wasser, ist jedoch vom Ufer aus zugänglich. Es entspricht dem Hornstaad-Haus des Pfahlbaumuseums Unteruhl-dingen: 3,5 × 8 Meter Grundfläche mit Vorplatz, ein einziger Innenraum mit 3,5 × 5,7 Meter Fläche, Firstbauweise mit lehmbeworfenen Flecht- und Prügel-wänden und einem abgehobenen Prügelfußboden. Die Dachdeckung besteht aus Rohrglanzgras.

Weder Nagel noch Schraube, lediglich Schnur hält die Balken und Pfosten der Häuser im Fernsehdorf zusammen.

Dahinter liegt ein etwas kleineres Pfahlhaus, das als Vorrats- und Lagerhaus dienen sollte. Daneben der Rohbau des dritten Pfahlhauses; um es bewohnbar zu machen, müsste die Sippe das Dach decken und die Wände des Rohbaus verkleiden.

Jedes Steinzeithaus ist autonom. Es besitzt alles, was ein Steinzeitmensch zum Überleben braucht. Jeder Pfahlbau ist daher mit einem kompletten Satz Steinzeitwerkzeug ausgerüstet.

Diese Situation hatten wir, Arbeiter des Pfahlbaumuseums und des SWR, nachzubauen. Unser Kollege von der SWR-Ausstattung, Peter Förderer, machte eine beeindruckende Rechnung auf: „Für die zwei Wohnhäuser und die Vorratshütte brauchten wir rund 60 Festmeter Holz, insgesamt werden wir 750 Balken, Pfähle und Pfosten verbauen." Dazu kamen sechs Tonnen Lehm zum Verputzen von zwei Häusern, das dritte blieb ja als Rohbau stehen; drei Leute waren insgesamt zwölf Wochen nur mit Bauen beschäftigt, rechnete Peter Förderer vor.

Viel Energie floss natürlich in die Tatsache, dass wir strikt steinzeitlich bauen wollten, ganz ohne Nägel und Schrauben. Das bedeutete: Jeder Pfosten, jeder

Hausbau in luftiger Höhe

Das erste Mal fiel der Blick im Winter 1853/54 auf die Hinterlassenschaften der Seeufer-siedlungen. Ein besonders niedriger Wasserstand legte in Meilen-Rorenhaab am Zürich-see ein ganzes Feld von im Boden versenkten Pfählen frei. Ferdinand Keller war der Erste, der die alten Pfähle als vorgeschichtliche Siedlungsreste interpretierte. Er stellte sich Dör-fer vor, die auf Plattformen über dem Wasser standen. Die Idee stieß in der Öffentlichkeit auf große Begeisterung. Allerorten begann eine aufgeregte Suche nach Pfahlbauresten. Sogar in waghalsigen Tauchaktionen ging man den Siedlungsresten auf den Grund. Die Juragewässerkorrektur ließ um 1870 den Wasserspiegel vieler Schweizer Seen sinken und noch mehr Pfahlfelder zum Vorschein kommen: Ein wahres Pfahlbaufieber setzte ein. Ge-gen Ende des 19. Jahrhunderts mussten behördliche Anordnungen die Fundstellen vor Plünderungen retten.

Kellers Rekonstruktion der Plattformsiedlungen auf dem Wasser hatte jedoch nicht alle überzeugt. 1925 entbrannte ein erbitterter Gelehrtenstreit. Gab es überhaupt Häuser auf Pfählen oder waren nicht doch ebenerdige Gebäude aus den Pfahlfeldern zu rekonstruie-ren? Oskar Paret bezog die Gegenposition: Pfahlbauten seien romantischer Unsinn. Die Antwort auf die »Pfahlbaufrage« gaben schließlich Ausgrabungen der 1960er-Jahre. An den großen Voralpenseen war der Einfluss des Wassers in den freigelegten Siedlungs-schichten deutlich sichtbar. Hier war nun die Existenz vom Boden abgehobener Gebäude bewiesen, die einst zumindest zeitweise über einer Wasserfläche standen. Am Bodensee beispielsweise rekonstruieren Archäologen Häuser, deren Böden bis zu zwei Meter über dem Uferniveau lagen.

Auf Stelzen aus Eichenpfählen
Aufwändige, besonders tiefe Pfahlgründungen waren nötig, um im weichen Seegrund standfeste Häuser zu errichten. Trieb man die Eichenpfähle nicht tief genug in den Boden, erging es dem eigenen Heim wie den Häusern des Dorfes Bachwiesen am oberschwäbi-schen Federsee. Dort konnten Archäologen einen einzigartigen Befund freilegen. Die Pfahlgründungen der Häuser hatten den festen Untergrund nicht erreicht. Daher waren die Pfähle im weichen Boden bald unter dem Gewicht des Gebäudes zur Seite gekippt. In Hornstaad war man dagegen noch umsichtiger gewesen: So genannte Pfahlschuhe, quer

verzapfte Bretter auf der Strandoberfläche, verhinderten hier, dass die Pfähle durch die Last der Häuser weiter in den Untergrund sinken konnten.

Dicht an dicht standen etwa 40 Häuser entlang enger Gässchen, die parallel zum Seeufer verliefen. Die Gebäude besaßen eine Grundfläche von 25 bis 30 Quadratmeter. Die Wände bestanden aus Spaltbohlen oder lehmverstrichenem Flechtwerk. Wie die Dächer gedeckt waren, ist aus Einzelfunden nur mühsam zu erschließen. An einigen Fundplätzen hat man Stroh- beziehungsweise Schilfrohrbündel gefunden, die von einer Dachabdeckung stammen könnten. Die Funde vieler Rindenbahnen lassen daneben an eine Deckung mit Rindenstücken denken. Von manchen Orten kennt man gar rechteckig zugeschnittene Rindenstücke, die in der Jungsteinzeit als Schindeln gedient haben könnten.

Ein hochwassersicheres Bauen auf erhöhten Plattformen ist an den Ufern großer Seen nur allzu verständlich, denn ihr Wasserspiegel kann im Jahresverlauf beträchtlich schwanken.

An den Ufern kleinerer Seen und an Mooren dagegen gab es durchaus ebenerdige Feuchtbodensiedlungen. Solche Bauten konnten beispielsweise am oberschwäbischen Federsee freigelegt werden. Hier mussten die Pfosten von Dach und Wänden zur Standfestigkeit ebenfalls tief in den weichen Boden hineingetrieben werden. Da in diesen Regionen aber keine großen Wasserspiegelschwankungen zu erwarten waren, wurde der Fußboden ebenerdig angelegt und nur gegen die aufsteigende Feuchtigkeit isoliert.

Pfahlbau der Ufersiedlung Hornstaad am Bodensee

Balken wurde mit dem anderen per Schnur verknotet, ein irrsinnig Zeit raubendes Geschäft. Und eine Woche ging allein pro Dach drauf, die Ladung eines randvollen Siebeneinhalb-Tonners musste oben in vier Meter Höhe verlegt werden.

Wollschweine und Nacktweizen

Unsere Sippe lebte in der Jungsteinzeit. Das Sammeln und Jagen, zumindest als Hauptnahrungsquelle, war damals bereits aufgegeben, die Menschen konzentrierten sich auf Ackerbau und Viehzucht. Dementsprechend gab es neben den Häusern noch zwei weitere zentrale Dorfbereiche: die Äcker und die Pferche für die Tiere.

Die Sippe hatte acht Haustiere zu betreuen: vier Milch gebende Ziegen, zwei Wollschweine und eine Kuh mit Kälbchen – die Pferche lagen direkt neben den Pfahlbauten, Ziegen und Kühe würden regelmäßig auf die nahe Weide geführt. Das Feld der Sippe lag weiter weg, rund 800 Meter entfernt; dort war eben der Boden am besten, nicht so feucht wie in der direkten Umgebung des Fuchsenlochs. Bereits im Frühjahr hatten wir auf einer Fläche von rund einem Hektar „alte" Getreidesorten eingesät, die es im Neolithikum bereits gab: Emmer, Einkorn, Gerste und Nacktweizen.

Erbsen, Linsen, Rübsen, Leinsamen und Schlafmohn würden in einem kleinen Garten neben der Ackerfläche wachsen. Der steinzeitliche Garten war zum Schutz vor Tieren mit einem Zaun aus Weidenruten umgeben.

In der Obhut der Sippe: eines der beiden Wollschweine

Die Ernte sollte dem entsprechen, was einer steinzeitlichen Sippe mit sieben Erwachsenen und sechs Kindern vor rund 5000 Jahren innerhalb eines Jahres zur Verfügung stand. Somit sollte die Sippe genug Nahrung für den folgenden Winter erwirtschaften können; nur im größten Notfall durfte das Saatmaterial des Folgejahres verspeist werden, im Neolithikum wäre das der Auslöser für den Hunger(tod) gewesen.

Doch so ganz ins kalte Wasser sollte unsere Sippe an ihrem Einzugstag nicht geworfen werden. Sie würden einige Laib Brot vorfinden und einen vorgekoch-

Voll erblühter Lein im Garten, den ein Weidenrutenzaun vor den Tieren schützt

ten Eintopf, erst ab Tag zwei müsste dann das Essen selbst zubereitet werden: Körner mahlen, Brot backen, erste Sammelversuche.

Und auch wenn es da Schwierigkeiten geben würde: Die ersten Tage, wenn es schlimm kommen würde sogar Wochen, könnten die Protagonisten von ihren Vorräten aus dem Vorjahr leben. Wir hatten ihnen das ins Vorratshaus gestellt, was zu diesem Zeitpunkt noch da gewesen wäre, wenn sie die ganze Zeit im Dorf zugebracht hätten: Getreide, getrocknetes Gemüse, Kräuter, getrockneter Fisch, getrocknetes Fleisch, Haselnüsse, getrocknete Wildapfelhälften und vieles andere.

Doch was brauchte so eine Sippe in der Steinzeit zum Essen? Ihr Kalorienbedarf errechnete sich nach dem Leistungsumsatz, der bei den Männern

Das Steinzeitdorf ist aufgebaut, die 13 Protagonisten können einziehen.

zum Beispiel – aufgrund der harten Feldarbeit – durchschnittlich 3000 Kilokalorien betragen haben dürfte.

Aus den Ausgrabungen von Arbon Bleiche auf der Schweizer Seite des Bodensees wissen wir, dass ein wichtiger Bestandteil des Steinzeitvorrats Eicheln waren. Deshalb hatten auch unsere Protagonisten diese Baumfrüchte, und zwar hochgerechnet zwölf Kilo. Doch Eicheln?

Wissenschaftler bestätigen uns, dass die Menschen in früheren Zeiten weniger „süß", sondern eher „bitter" aßen. Kann sich unser neuzeitlicher Geschmack damit abfinden oder gelingt es unseren Protagonisten, die Bitterstoffe auszukochen? Oder würden die Eicheln als Schweinefutter im Pferch landen und somit der Vorrat empfindlich schrumpfen?

Weiterhin gehörte noch eine komplette Haus- und Werkzeugausstattung zur Basisausrüstung. Ein kleiner Auszug, mit welchen Gerätschaften man in der Steinzeit hantierte:

Angelhaken (Knochen, Eberzahnlamellen)	10	
Bärenfell	1	
Bärenzähne	6	kleine
	6	große
Basttaschen	10	
Birkenpech	10	Liter
Birkenporlinge	10–20	
Birkenrindengefäße	5	kleine
	5	mittelgroße
	5	große
Fadenknäuel (Bast/Flachs)	10	
Federn für Pfeile	600	
Fischernetze	1	Stück 10 x 2 Meter
	1	Stück 5 x 2 Meter
Hirschgeweihspitzen	10	
Knochen allgemein: Hirsch, Reh, Rippen	100	
Knochenahlen	10	
Knochenmeißel	10	
Knochennadeln	10	

Bleibt noch die Kleidung: Unsere Sippe würde mit einem Satz Steinzeit-Sommerkleidung aus Leinen ausgestattet werden, entworfen entsprechend dem neuesten wissenschaftlichen Erkenntnisstand.

Living Science – Unsere Regeln bei der Produktion

Beim Fernsehen ist das ja so eine Sache: Man kann alles „stellen" und Dinge, die nicht so klappten, nochmals drehen, ja, man könnte sogar, wenn einem Regisseur der Lauf der Dinge nicht gefallen würde, im Schnitt das Material so zusammensetzen, dass ein Sachverhalt eine andere Richtung erhält – all dies trägt zu Vorbehalten und Vorurteilen bei, die nicht wenige Zuschauer dem Fernsehen gegenüber haben und die auch jeder Fernsehmacher kennt.

Nun, wie begegnet man so einem Misstrauen, dass Fernsehen eine Manipulationsmaschine ist?

Zunächst war uns allen klar: Wichtig war eine klare Experimentanordnung, in der die Protagonisten keinen Kontakt zur Jetztzeit haben sollten. Nur: Unsere Alpenwanderer zum Beispiel würden auf Schritt und Tritt dem Jahr 2006 und seinen Menschen begegnen. Wie sollten wir damit umgehen? Und gab es Situationen, in denen wir als Projektleitung eingreifen würden beziehungsweise müssten?

Aus den Erfahrungen mit unserer ersten Zeitreise „Schwarzwaldhaus 1902" heraus hatten wir uns eine „Selbstverpflichtungsbibel" auferlegt, einige Grundregeln, an die sich alle – Team, Helfer, Protagonisten – strikt zu halten hatten.

Während der Dreharbeiten sollen keinerlei Nachrichten aus dem Jahr 2006 ins Dorf dringen.

1. Unsere Protagonisten führen!

Da „Steinzeit" eine Dokumentation und kein Spielfilm war, arbeiteten wir keinen Drehplan mit unseren Protagonisten ab, sondern wir begleiteten sie in ihrem Alltag. Deshalb kein „Könntest du gerade noch mal aufstehen und durch die Tür gehen!" und auch kein „Morgen drehen wir Ernten". Was geschah, geschah, weil es unsere Protagonisten so beschlossen hatten.

Wichtig dabei war: Wenn sie eindeutig fehlerhafte Entscheidungen treffen sollten (weil sie zum Beispiel die herannahende Regenfront auf der Alpentour nicht erkennen), dann würden wir sie auf keinen Fall korrigieren, sondern erst eingreifen, wenn die Lage es unbedingt erfordern würde. Fehler und ihre möglichen Konsequenzen waren unverzichtbare Teile der Experimentanordnung.

2. Alles was passiert wird dokumentiert!

Kein Zweifel: Es würde immer wieder vorkommen, dass wir die Steinzeit verlassen müssten; zum Beispiel war klar, dass unsere Protagonisten bei schwereren Krankheiten oder Verletzungen unverzüglich die medizinische Hilfe der Jetztzeit bekommen würden. Aber alle diese Abweichungen würden gefilmt werden, denn für uns war ja auch diese Frage spannend: Inwieweit sind Steinzeitbedingungen in unserer zersiedelten, industrialisierten Welt überhaupt noch herstellbar?

Fast immer dabei: Kamera- und Tonmann heften sich an die Fersen der Protagonisten.

3. Was jünger ist als 3300 v. Chr. wird abgegeben!

Sollten unsere Protagonisten an Gegenstände gelangen, die nicht steinzeitlich sind, müssten sie diese beim Kameramann abgeben. Das gesamte Umfeld der Sippe sollte der Steinzeit so nah wie nur irgend möglich kommen. Sie sollte mit den Mitteln von 3300 v. Chr. die Vergangenheit erleben.

Immer wieder war es unvermeidlich, dass Neuzeitliches in das Dorf gelangte; zum Beispiel wird der Bolzenschussapparat beim Schlachten gesetzlich zwingend vorgeschrieben. Lediglich zwei neuzeitliche „Accessoires" waren bereits von Anfang an im Dorf erlaubt: eine Zeckenzange und eine Schachtel Tampons.

4. Kein Nachrichtenfluss ins Dorf!

Die Kommunikation mit den Protagonisten unterstand während des achtwöchigen Drehs einer strengen Selbstkontrolle. Keine Hinweise, keine News, keine Fußballergebnisse, selbst bei Weltereignissen erst Rücksprache mit der Projektleitung.

Ein Beispiel dazu: Bei den Dreharbeiten zu „Schwarzwaldhaus 1902" hatten wir besprochen, ob und wie wir Familie Boro über den 11. September informieren – und das haben wir dann gedreht.

5. Erfinden dürfen sie alles!

Wenn unsere Protagonisten mit ihren steinzeitlichen Mitteln neuzeitliche Produkte herstellen würden, so wäre das von unserer Seite aus in Ordnung gewesen. Rein theoretisch hätten sie einen Satellitenreceiver bauen können, vorausgesetzt sie hätten ihn mit den Materialien Holz, Stein und Horn hingekriegt.

Gerechnet hatten wir allerdings eher mit unspektakuläreren Errungenschaften: neolithische Pizza, Steinzeit-Spaghetti, Wollschwein-Kebab …

6. Ernst zu nehmende Schwierigkeiten – erst mal selber helfen!

Tauchten ernste Schwierigkeiten mit den steinzeitlichen Lebensbedingungen auf, so wollten wir stets so vorgehen:

Erster Schritt: Das Problems wird dokumentiert.

Zweiter Schritt: Die Sippe muss zunächst versuchen, diese Probleme steinzeitlich zu lösen.

Dritter Schritt: Erst wenn alles scheitert, greifen wir von außen ein und halten das wiederum mit der Kamera fest.

Das Experiment

Sprache, Kunst und Musik – Erfindungen der Moderne?

Von vielen Erfindungen der Steinzeit profitieren wir noch heute: Die Beherrschung des Feuers, das Nähen von Kleidung, feste Häuser, Keramikgeschirr, das Rad, die Metallverarbeitung oder der Ackerbau spielen nach wie vor eine wichtige Rolle. Den Grundstein für diese Entwicklungen legten aber schon die Menschen der Steinzeit. Fast hat man das Gefühl, als hätten die Zeiten danach kaum mehr etwas zur menschlichen Kultur beisteuern, sondern nur noch schon Dagewesenes weiterentwickeln können. Denn nicht nur technische Errungenschaften der Steinzeit wirken bis in die Gegenwart.

Auch im geistigen Bereich fußen wir auf einer steinzeitlichen Basis. Für uns besonders typische Aspekte menschlicher Kultur wie eine komplexe Sprache, Religion und Jenseitsvorstellungen, Kunst oder Musik sind Entwicklungen, die schon in der Altsteinzeit ihren Ausgang nahmen.

Bereits der Neandertaler der mittleren Altsteinzeit besaß alle Voraussetzungen für eine komplexe Sprache. Den Beweis lieferte 1983 das Zungenbein eines Neandertalers, das in der Kebara-Höhle in Israel gefunden wurde. Dieser Knochen sitzt zwischen Kehlkopf und Unterkiefer, unterstützt die Zunge bei der Bildung der Worte und beeinflusst die Artikulationsfähigkeit. Das Zungenbein des Neandertalers der Kebara-Höhle war schon ebenso geformt wie unsere heutigen: Er hatte dieselbe Sprachfähigkeit wie wir.

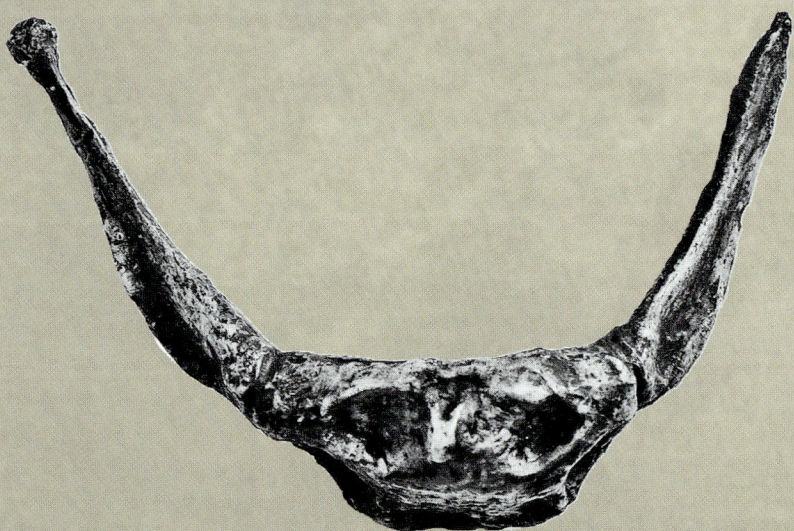

Die Form seines Zungenbeins beweist, dass der Neandertaler dieselbe Sprachfähigkeit besaß wie wir.

Die ältesten Kunstgegenstände Europas sind dagegen aus der Endphase der Altsteinzeit belegt. Sie stammen aus der Höhle Geißenklösterle bei Blaubeuren auf der Schwäbischen Alb. Es sind kleine vollplastische Figürchen aus Mammutelfenbein. Nach neuesten Untersuchungen sind sie zwischen 33 000 und 38 000 Jahre alt. Die Schwäbische Alb scheint ein kulturelles Zentrum der Altsteinzeit zu sein: Aus den nahe gelegenen Höhlen Vogelherd und Hohlenstein-Stadel im Lonetal stammen weitere, nur wenig jüngere Figuren. Meist zeigen die Schnitzereien das Hauptjagdtier der damaligen Menschen, das Mammut.

Der altsteinzeitliche Mensch entdeckte zu dieser Zeit nicht nur die Kunst, sondern auch die Musik. Die ersten sicheren Musikinstrumente sind Flöten, die aus den Röhrenknochen von Säugetieren oder aus Vogelknochen hergestellt wurden. Aus dem Geißenklösterle bei Blaubeuren, das die ersten Kunstwerke des Menschen erbracht hat, sind auch die ältesten dieser Flöten überliefert. Die Bruchstücke von insgesamt zwei Instrumenten sind etwa 38 000 Jahre alt. Eine der beiden ist gut zu rekonstruieren. Sie wurde aus dem Knochen eines Singschwans gefertigt. Wie bei einer heutigen Flöte sind die Löcher in einer Reihe hintereinander angeordnet.

Auch in den realistischen Malereien der bekannten Bilderhöhlen Spaniens und Frankreichs wie beispielsweise Lascaux zeigt sich die Kunstfertigkeit der Menschen am Ende der Altsteinzeit. Kunst und Religion gehen zu dieser Zeit Hand in Hand. In den Höhlen gibt es neben den Malereien vielfache Hinweise auf rituelle Handlungen. Einige Male sind im Matsch des Höhleninneren die Fußabdrücke von Jugendlichen erhalten, die vielleicht in Initiationsriten zum Übergang in das Erwachsenendasein tief in die Heiligtümer eindringen mussten.

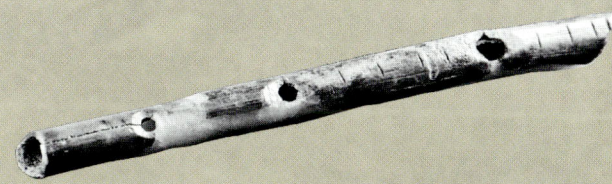

Die Flöte aus einer Höhle bei Blaubeuren ist ungefähr 38 000 Jahre alt.

Vom Ende der Altsteinzeit sind darüber hinaus die ersten Gräber überliefert, die darauf hindeuten, dass sich der Mensch nach dem irdischen Leben auch ein Jenseits vorstellt. In Sungir bei Moskau wurde vor fast 30 000 Jahren ein Mann bestattet, den die Hinterbliebenen prunkvoll für das Leben nach dem Tod ausgestattet hatten: mit über 3500 Elfenbeinperlen an Mütze, Jacke und Hose.

Alle diese Äußerungen geistiger Kultur – Kunst, Musik und Religion – sind ohne zwischenmenschliche Kommunikation kaum vorstellbar. Die Forschung zweifelt daher bereits für die Altsteinzeit nicht an der Existenz einer komplexen Sprache.

Das Dorf

Eine Sippe richtet sich in der Steinzeit ein

Die Protagonisten ziehen in das TV-Steinzeitdorf ein. Sie fühlen sich für das Experiment gut vorbereitet. Sie werden Getreide mahlen und Brot backen, ihr Essen an lauen Abenden über dem Feuer garen und in einfachsten Schlafstellen übernachten. Die dreizehn wissen, dass sie sich einschränken müssen, auch dass es hart werden kann. Doch dass es gleich so kommen muss ...

Spelz, Schmalz, Xaveria –
Die Katastrophen der ersten Tage

Sonntag, 30. Juli 2006. Hätte es nicht so bleiben können? Als die dreizehn am Nachmittag in der Zeitschleuse alles Moderne (außer, wie gesagt, einer Zeckenzange und Tampons) abgegeben, ihre Steinzeitkleidung angelegt hatten und in ihr Dorf eingezogen waren, schien noch die Sonne. Die Frau von Museumschef Schöbel hatte einen Topf Gerstenbrei vorgekocht und – nur noch aufwärmen, fertig! – neben das Feuer gestellt: Sunny Afternoon mit Fast Food, eigentlich ganz Klasse, diese Jungsteinzeit …

Zu diesem Zeitpunkt hatten unsere dreizehn noch etwa 24 Stunden, um in den Genuss eines – rückblickend – recht unbeschwerten Steinzeitlebens zu kommen. Dann würden nacheinander die Tiefdrucksysteme Xaveria, Zana, Bärbel, Dörthe, Florence, Gaby und Isabel das Kommando übernehmen, sieben eiskalte Ladys. Doch der Reihe nach.

„Tschüss, ich bleibe hier und ihr geht 5000 Jahre zurück!", rief Harm Paulsen unseren dreizehn hinterher, nachdem sie durch das große Holztor, das den Zufahrtsweg zu unserem Weiher versperrte, gegangen waren. Die sieben Erwachsenen fühlten sich gut vorbereitet, für die sechs Kinder war klar, dass jetzt acht Wochen Abenteuer prall voll mit Jagen, Fischen und Pfeil- und Bogenschießen beginnen würden, kurz: Die Stimmung war aufgekratzt und optimistisch, als unsere Sippe ihr neues Zuhause inspizierte und in Beschlag nahm.

Ein warmer Abend begann. Man setzte sich um das Feuer, aß, plauderte, und als die Sonne verschwunden war, begannen die Frösche mit ihrem Konzert, ansonsten: nichts zu hören, außer hier und da mal eine Verkehrsmaschine, die den 30 Kilometer entfernten Flughafen Friedrichshafen ansteuerte.

Doch die Nacht scherte bereits aus der Idylle aus. Alle froren. Ein Blick auf das Aktometer zeigt, dass Olli 3:56 Stunden schlief, Martin 3:33, Ingo hielt mit 2:23 den Minusrekord, nur Claudia mit 6:04 schlief einigermaßen gut. Als hätten sie es in der Mehrheit gespürt, dass der nächste Tag zwei entscheidende Weichenstellungen bringen würde. Leider zum Nachteil der Sippe.

Der Kampf ums tägliche Brot

Der Morgen begann mit einer Einweisung in die nähere Umgebung des Dorfes: Wald, Weide, Garten, Feld.

Besonders das Coaching auf dem Acker war für unsere Protagonisten von einer unangenehmen Eindringlichkeit. „Denkt daran, wenn das Wetter umschlägt, ist die Frucht verloren!", redete ihnen Simon Philipson, der die neolithische Umgebung des Dorfes nach den Vorgaben aus Unteruhldingen gestaltet hatte, ins Gewissen, „die Frucht ist reif, ihr solltet es nicht riskieren, zu lange zu warten."

Simons Besorgnis und seine wiederholten Mahnungen, bald, am besten heute noch, mit der Ernte zu beginnen, wurden von den anwesenden Protagonisten mit – sagen wir einmal – höflichem Interesse zur Kenntnis genommen. Ja, gleich morgen werde man sich darum kümmern, heute wolle man erst mal ankommen, sich informieren und schauen…

Damit war, ohne dass es einer (außer Simon vielleicht) in diesem Moment ahnte, der erste Schritt zum Hungerwinter 3300/3299 v. Chr. getan.

Zurück im Dorf ging Martin auf Britta und Sophia zu, die auf dem Dorfplatz an zwei Mahlsteinen saßen. „Sagt mal", rief er mit einem Blick in die Schüssel, in der die Frauen das Mehl auffingen, „da reibt ihr doch jetzt schon den ganzen Tag herum… Da stimmt doch was nicht!"

Das stimmte allerdings: Nach vier Stunden Körnermahlen hatten die beiden Frauen gerade mal einige wenige Handvoll Mehl erwirtschaftet. Die Hochrechnung war schnell gemacht: Bis zum Abend würden die beiden Frauen nicht genug Mehl beieinander haben, um Fladenbrote für die ganze Sippe backen zu können.

Britta am Mahlstein: Bis das Mehl für die Fladenbrote gemahlen ist, vergehen Stunden.

Britta und Sophia konnten sich das magere Ergebnis ihrer Arbeit selbst nicht erklären: „Wir bekommen das Korn einfach nicht aus dem Spelz heraus, wir mahlen und mahlen und kommen nicht weiter."

Das war, so unspektakulär die Szene auch erscheinen mag, der zweite große Schritt zur Hungerkatastrophe im kommenden Winter.

Doch was war geschehen?

So werden die aufgebrochenen Kornhüllen von den Getreidekörnern entfernt.

Spelz im Brot schmeckt scheußlich

Die beiden Frauen hatten versucht, die beiden Getreidesorten Emmer und Einkorn zunächst in einem großen Holzmörser zu entspelzen. Die Wissenschaft hatte die ganze Verwertungskette so beschrieben: Wenn man Getreide erntet, werden die Halme etwa zwei Handbreit unter der Ähre mit der Sichel abgeschnitten, sie werden zu blumenstraußgroßen Büscheln zusammengebunden und an der Decke des Lagerhauses aufgehängt: „So kommen keine Mäuse dran", hatte Gunter Schöbel beim Coaching erklärt, „und so kann das Getreide auch nicht schimmeln, anders als wenn die Körner ausgedroschen auf einem dichten Haufen liegen."

Bei Bedarf hätten die Jungsteinzeitler ein solches Bündel ausgedroschen, in den Mörser geschüttet und mit dem großen Holzstößel zermahlen. Die strohige Kornhülle, der Spelz, wäre dabei aufgebrochen, durch Hochwerfen des Korns oder Blasen wären die leichten Hüllenteile weggeflogen, das schwerere Korn wäre übrig geblieben. Und das hätte man dann auf dem Mahlstein zermahlen.

Nur: So war es nicht, zumindest nicht bei Emmer und Einkorn. Beim Mörsern zerbrach nicht nur die Hülle, sondern auch das Korn selbst; wenn man über das Mahlgut blies, flogen nicht nur die Spelzen, sondern auch die halben und vier-

Um für die ganze Sippe Brot herzustellen, ist eine gute Portion Geduld nötig.

tel Körner weg. Deshalb versuchten es die Frauen anders: Das Korn wurde mitsamt Spelz auf den Mahlstein gelegt. Doch jetzt verklebten Kornstärke und Hülle zu einer kaum trennbaren Masse.

Was tun? Die Spelzen einfach zu Ballaststoffen erklären und ins Fladenbrot mit einbacken? Bereits nach dem ersten Versuch war unsere Sippe in dieser Erkenntnis einen entscheidenden Schritt weiter: Spelz im Brot schmeckt scheußlich.

In dieser Phase des Geschehens kam Claudia vom Kräutersammeln zurück: Spitzwegerich, Breitwegerich, wilder Schnittlauch und Löwenzahn hatte sie in ihrem Korb.

Martin hatte sich in der Zwischenzeit mit den Kindern ans Angeln gemacht. Unter den Bildern, die unser Kamerateam am Weiher in diesen acht Wochen gemacht hat, gehört dieses bestimmt mit zu den eindrucksvollsten: Eine Großaufnahme zeigt einen gewaltigen Hecht, er schwimmt langsam auf die Angel zu, schnuppert am Köder, einmal, zweimal, und … dreht angewidert ab.

Endlich ist es so weit: Martin und Ronja können die Fladen in den Backofen legen.

Kein guter Tag: Sorgen um die Ernte, kaum Brot (dafür mit hohem Spelzanteil), Pech beim Fischfang, lediglich einige Kräuter, die Olli zum improvisierten Abendessen mit Schmalz aus dem Vorratshaus verrührte, leider nicht folgenlos: Der vierjährige Taliesin vertrug das fette Abendmahl nicht, spuckte in der Nacht und hing am nächsten Tag in den Seilen.

Ach ja, noch etwas: Xaveria war am Nachmittag eingetroffen!

Der Speisezettel der Pfahlbauern

In den Abfallschichten der Pfahlbausiedlungen haben sich im Wasser unter Luftabschluss große Mengen von pflanzlichen Resten erhalten, aus denen Archäobotaniker Rückschlüsse auf die Ernährung der damaligen Menschen ziehen können. Hauptnahrungsmittel war in der Jungsteinzeit Getreide. Berechnungen zufolge mussten schon ab dem 4. Jahrtausend v. Chr. 70 Prozent der Kalorien über Getreide aufgenommen werden, sonst hätten die Menschen nicht überleben können.

Angepflanzt wurden seit Beginn der Jungsteinzeit die Weizenarten Einkorn und Emmer, seit der mittleren Jungsteinzeit sind im westlichen Mitteleuropa auch Nacktgerste und Dinkel nachgewiesen. Einkorn, Emmer sowie die dritte Weizenart Dinkel sind Spelzgetreide: Auch beim Dreschen lösen sich die Körner nicht aus dem Spelzen. Ein weiterer Arbeitsgang, das Entspelzen, ist vor der Zubereitung von Speisen notwendig. In experimentalarchäologischen Versuchen an der Universität Köln wurden verschiedene Methoden zum Entspelzen getestet. Als Arbeitsgeräte kommen in der Jungsteinzeit Schiebemühlen aus Stein infrage, die in den Siedlungen häufig zu finden sind. Aus der Völkerkunde sind aber auch Holzmörser zum Entspelzen von Getreide bekannt. Stößel und Kübel solcher hölzernen Mörser sind ebenfalls aus Pfahlbausiedlungen bekannt.

In Versuchsreihen zeigte sich, dass die Arbeit mit dem Holzmörser effektiver war. Mit der Schiebemühle entstand viel mehr Ausschuss, ein Großteil der Körner zerbrach. Das Entspelzen mit dem Holzmörser dagegen gelang in kürzerer Zeit. Dennoch verschlang dieser Arbeitsgang viel der täglichen Arbeitszeit. Die Experimentalarchäologen aus Köln rechneten für eine fünfköpfige Familie mit einem Tagesbedarf von fünf Kilogramm Getreide. Mit dem Holzmörser musste eine Person zum Entspelzen dieser Menge fast dreieinhalb Stunden arbeiten. Auch das Mahlen selbst war danach zeitaufwändig. In Mahlversuchen mit Handmühlen aus einem Unterlagestein und einem darüber geführten Reibstein brauchten heutige Archäologen zwei Stunden, um aus 250 Gramm Korn feines Mehl herzustellen. Zusammengerechnet war die Zubereitung von Brot und Brei aus dem geernteten Korn eine tagfüllende Angelegenheit.

Neben dem Getreide als Grundnahrungsmittel lieferten Hülsenfrüchte wichtige Proteine. In der Jungsteinzeit wurden vor allem Erbsen angebaut. Erst mit der Bronzezeit kommen Bohnen und Linsen in größerer Menge hinzu. Die jungsteinzeitlichen Bauern pflanzten außerdem reichlich Schlafmohn an: Droge oder Heilmittel?

Leckerbissen: Himbeeren und wilder Honig
Die aus den Erträgen der Feldarbeit zubereiteten Speisen wurden im Sommer durch Sammelfrüchte bereichert: Holzäpfel und Wildbirnen, Him- und Brombeeren sowie Hasel-

nüsse und Schlehen. Aber auch Wildgemüse und Salatpflanzen wie Ampfer, Bärlauch oder Löwenzahn sowie Pilze fanden die Sammler in der Umgebung ihres Dorfes. Botaniker haben beispielsweise in der Ufersiedlung Twann am Bielersee in der Schweiz über 70 Arten

von essbaren Früchten und Kräutern nachgewiesen. Die Jungsteinzeitler hatten sicher weit bessere Kenntnisse über die Essbarkeit und die Standorte der infrage kommenden Pflanzen als wir heute. Diese Wildpflanzen und -früchte spielten vor allem dann eine wichtige Rolle, wenn die Hauptnahrungsquelle der Feldfrüchte durch Missernten knapp wurde. Auch ein Leckerbissen wie wilder Honig war den Menschen der Jungsteinzeit sicher bekannt und die Vogeleier der am Seeufer nistenden Reiher und Enten kamen ebenfalls auf den Speisezettel.

Hülsenfrüchte, vor allem Erbsen, gehörten neben Getreide in der Jungsteinzeit zu den Grundnahrungsmitteln.

Neben den geschlachteten Haustieren Schwein, Rind, Ziege, Schaf und in manchen Zeiten auch Hund ergänzte das Fleisch von Jagdwild den Speiseplan, und zwar in nicht zu geringem Maße: In Twann entdeckten Archäologen über 150 Feuersteinspitzen, die die Pfeile der Jäger bewehrten. Gerne gejagt wurden Rothirsch, Reh, Elch und Wildschwein, aber auch Vogelarten. In der kalten Jahreszeit waren pflanzliche Nahrungsmittel Mangelware, wie die Jagd konnte der Fischfang jetzt zusätzliche Nahrung auf den Teller bringen. Unter den Abfällen in den Pfahlbausiedlungen befanden sich Massen von Fischwirbeln, die bezeugen, dass der Fischfang von großer Bedeutung war. Archäologisch nachgewiesen sind Angelhaken, Harpunen und Netze als Fanggeräte, andere Methoden wie Reusen oder Schlingen sind denkbar, aber nicht erhalten.

Nach welchen Rezepten die jungsteinzeitlichen Bauern ihre Speisen zubereiteten, ist selten bekannt. Einige Hinweise jedoch gibt es. In der Ufersiedlung Twann gelang ein spektakulärer Fund: ein verkohltes Brötchen aus der Zeit um 3530 v. Chr.! Analysen ergaben, dass es sich um ein Weizenbrötchen handelte, das mit Sauerteig zubereitet wurde. Speisereste an der Innenseite mancher Keramiktöpfe, mit denen man auf dem Feuer kochte, verraten weitere Rezepte. Beliebt waren Gemüsesuppen, vielleicht mit Fleischeinlage, Suppen aus Mehl und einfacher Getreidebrei, den man mit Wildfrüchten verfeinerte.

Und nun das Wetter – oder: Warum Ötzis Leiche nicht verweste

Xaveria war nur eine von sieben kalten Damen, einer Reihe von gewaltigen Tiefdrucksystemen, die, eines nach dem anderen, in kurzer Folge über uns und unsere Protagonisten hereinbrachen.

Und dabei hatte alles so weltmeisterlich angefangen. Exakt zum Fußball-Weltmeisterschafts-Beginn hatte sich ein stabiles Azorenhoch gebildet, der Himmel war blau, die Temperaturen stiegen auf fast 39 Grad Celsius und Deutschland feierte eine Public-Viewing-Party nach der anderen. Der Juli ging als heißester Juli seit Beginn der Wetteraufzeichnungen in Deutschland in die meteorologische Geschichte ein.

Das Experiment im Steinzeitdorf hat gerade begonnen, als sich über dem nahen Bodensee diese Trombe bildet.

Dann kam Phase zwei: Die bislang weit nordwärts verschobene Lage des Polarjets wanderte Richtung Süden, auf eine Linie Nordatlantik–Frankreich–Alpen. Strömte bislang von unten warme subtropische Luft nach Deutschland ein, so war es jetzt die kalte, feuchte, polare von oben – die oben genannten Damen übernahmen das Regiment.

Zwei kleine Kostproben:

Freitag, 4. August 2006. Das Ehepaar Irene und Wolfgang Schrunner fotografiert auf einem Autobahnrastplatz nahe Rorschach eine Trombe über dem Bodensee. Das ist ein eng begrenzter Wirbelwind, der wie ein Schlauch aus den Wolken herabhängt und seinen Rüssel ins Wasser zu tauchen scheint.

Montag, 22. August 2006, Brohl-Lützing im Kreis Ahrweiler nahe der Grenze zwischen Rheinland-Pfalz und Nordrhein-Westfalen, 21:15 Uhr. In einem Gewitter hatte es kleinräumig einen derart starken Sturm gegeben, dass ein Wohnwagen in das benachbarte Rheinhafenbecken geschleudert wurde. Später wurde das Wetterereignis als Tornado eingestuft.

Erst ein Foto, das man eher einem amerikanischen Katastrophenfilm der „Twister"-Klasse zuordnen würde statt einer Erinnerung an einen beschaulichen Ausflug ans schwäbische Meer, und dann, knapp drei Wochen später, wurde aus dem exotisch scheinenden Foto tödliche Wirklichkeit: In dem Wohnwagen starb ein Mann, sein Sohn wurde schwer verletzt.

Das waren also unsere Wetter-Rahmenbedingungen: Dem bislang heißesten Juli der Wettergeschichte folgte der kälteste, feuchteste und sonnenscheinärmste August seit Jahrzehnten. In Phase eins hatten wir das Coaching, in Phase zwei unser Experiment. Der einzige Schutz gegen die ständigen Wolkenbrüche, Gewitter und Stürme waren über den Kopf gestülpte Wildschweinfelle und 5000 Jahre alte Bautechnik.

Und damals? Wie war das Klima eigentlich im Zielsektor unserer Zeitreise, im Neolithikum, der Jungsteinzeit, um den Todeszeitpunkt Ötzis herum?

Regenmantel nach Steinzeitart: Wildschweinfelle dienen als Schutz vor Wolkenbrüchen und Sturm.

Das Klima zu Ötzis Zeiten

Vor rund 5300 Jahren liefen die Uhren genau anders herum. Während wir uns heute auf eine globale Erwärmung zubewegen, stand damals eine Abkühlung bevor. Bis dahin war es richtig schön mild gewesen, circa zwei Grad Celsius wärmer als heute und – großräumig – auch feuchter: Die Wüsten hatten ihre kleinste Ausdehnung, die Hochgebirge ihre geringste Vergletscherung, die Waldgrenze in den Alpen lag rund 300 Meter höher als heute, ein Umstand, der bei der Tour unserer beiden Alpengeher noch eine wichtige Rolle spielen sollte.

Doch dann wurde es plötzlich deutlich kühler und unwirtlicher in Europa. Und der Klimawechsel hat (fast) ein Datum: Er liegt um den Sterbetag des Mannes aus dem Tisenjoch herum.

Der Geomorphologe Wolf Dieter Blümel fasst es so zusammen: „Der mit immer neuen Spekulationen kommentierte Tod des Ötzis um 3300 v. Chr. lässt sich als frappierendes Klimazeugnis interpretieren: Entgegen immer wieder kolportierten Berichten, der Mann sei in einen Gletscher gefallen, ist festzuhalten, dass er auf einem Joch starb – einem eisfreien Sattel in der Nähe von Vent in den

Ötztaler Alpen. Der Tod auf einem Gletscher oder in einer Gletscherspalte hätte den sensationellen Fund einer neolithischen Mumie unmöglich gemacht. Die Leiche wäre längst mit der Gletscherbewegung abtransportiert worden und spätestens in einer Moräne verwest."

Mit anderen Worten: Ötzi musste unmittelbar nach seinem Tod mit Schnee bedeckt worden sein. Und zwar dauerhaft. Sonst wäre er verwest oder Tiere hätten seine Leiche angefressen. Das war aber nicht der Fall. Dauerschnee in einer sonst schneearmen Lage in deutlich wärmeren Zeiten? Kein Zweifel: Hier musste sich das Klima so verändert haben, dass der Leichnam konserviert wurde, über Tausende von Jahren hinweg – bis zum 19. September 1991, als das Ehepaar Simon den ledrigen Oberkörper in einer Schmelzwasserpfütze stecken sah.

Festzuhalten bleibt: Damals wie heute muss es ein feuchter Sommer gewesen sein. Denn 3300 v. Chr. wie 2006 n. Chr. fiel mitten im Hochsommer in den Alpen Schnee. Und das bedeutete: Im Alpenvorland regnete es.

Und noch ein anderer Punkt war schnell klar: Die Wetterbedingungen, die unsere Protagonisten auszuhalten hatten, hätten auch im Neolithikum die Menschen vor existenzielle Probleme gestellt – eine Kombination von Dürre im Reifemonat Juli und Dauerregen im Erntemonat August ist immer eine Katastrophe für die Landwirtschaft.

Gegenüber des Similaungletschers wurde 1991 die Gletschermumie, genannt Ötzi, gefunden.

Neolithische „Federkernmatratzen" und weitere Katastrophen

Es war empfindlich kühl geworden, die Nachttemperaturen bewegten sich an unserem Weiher bereits im einstelligen Bereich. Harm Paulsen griff ein: „Steinzeit ist zwar hart, aber so hart muss es dann gleich in den ersten Tagen doch nicht sein", meinte er, nahm einige Felle und ging die wenigen 100 Meter von unserem Produktionsbüro in der Fuchsenlohe hinunter ins Dorf.

Dort wurde er mit Jubel begrüßt. Und dann machte er sich ans Werk. „Wenn es euch zu kalt ist, dann braucht ihr eben Federkernmatratzen", meinte er und setzte hinzu: „Aus Fichtenreisig." Das Prinzip: Die vertrockneten Fichtenäste am unteren Teil des Stammes sammeln und dicke Schichten machen, die eine per-

fekte Isolation nach unten ergeben. Und dazu noch schön weich sind. Und sauber: „Denn wenn ihr Stroh nehmen würdet, wären da Milben und sonstiges Ungeziefer drin."

Und dann schob er gleich noch Tipp Nummer zwei hinterher: „Legt einen großen Stein ans Feuer und nehmt ihn einfach, wenn ihr schlafen gehen wollt, mit unter die Decke … Das hält die ganze Nacht, ein richtiger Nachtspeicherofen."

Doch die gute Stimmung währt nicht lange. Im Regen sind die ersten Erbsen aufgeplatzt, die ständigen Schauer nerven unsere Dorfbewohner, sie lassen jeden Versuch scheitern, so etwas wie eine Struktur in den Alltag zu bringen und einen Plan durchzu-ziehen. „Wenn es regnet, können wir

Eine dicke Schicht vertrockneter Fichtenäste ergibt eine gute Isolation für Sophias Schlafstelle.

draußen nicht arbeiten", meint Olli, „wenn unsere Klamotten einmal nass sind, kriegen wir sie nicht mehr trocken." Und so verbringen sie viel Zeit mit Warten, entweder im Haus oder auf der überdachten Veranda vor dem Lehmofen, der fast pausenlos bullert.

„Ihr müsst euch einen Regenschutz basteln", meint Harm bei seinem nächsten Besuch, „nehmt Ziegenfelle, die sind am besten: einfach über Kopf und Schulter legen." Vorsichtshalber hatte er noch etwas mitgebracht: Gerstengrau-

Martin und die Kinder kontrollieren die Fischernetze.

Anglerglück: Till mit dem Hecht

pen, gemahlenes Korn, Hirse und zwei Fischernetze, denn „mit der Angel wird das nix!" Tatsächlich. Um 12:30 Uhr der erste Fang: zwei Fische. „Dass aber das eine klar ist: Ich bin hier nicht der Weihnachtsmann, der jeden Tag mit Geschenken und warmen Sachen aufkreuzt", meint Harm, als er sich verabschiedet.

Doch die Liste der Pannen würde im Verlauf der nächsten Stunden nochmals um zwei Posten länger werden.

Zunächst platzte ein Stück Keramik von einem der wenigen Töpfe im Feuer ab. Zum Entsetzen aller. Denn zum einen wurden da sofort Erinnerungen an den explodierten Topf im Coaching wach, zum anderen wusste der Töpfer Martin, dass es Tage bis Wochen dauern würde, bis Ersatz gemacht sein würde. Steinzeitkeramik hatte lange Trocknungs- und Brennzeiten.

Aus lauter Furcht, ein Topf nach dem anderen könne sich jetzt verabschieden, wird sie die Sippe in den nächsten Tagen nur in einigen respektvollen Zentimetern Entfernung von der Glut ins Feuer stellen und so eine Zeit lang nur halb rohes Gemüse in lauwarmem Wasser essen, was die Stimmung noch weiter in den Keller sinken lassen wird.

Gegen 19:20 Uhr der nächste Schlag: Unter der Veranda züngelt plötzlich Rauch hoch. „Mist, der Ofen brennt nach unten durch", ruft Olli, die Männer holen einen Feuerlöscher aus der verplombten Sicherheitskiste, klettern unter das Haus und versuchen, das

Feuer zu orten. Doch das sitzt – heimtückisch schwelend – irgendwo drin zwischen dem Tonboden des Ofens und dem Gebälk, auf dem er steht. Still und stinkend schmort es vor sich hin … Irgendwann, nach vielen Stößen mit dem Feuerlöscher und einigen Tonkrügen Wasser scheint der Schwelbrand gelöscht.

Mittwoch, 2. August.

Ein kühler, wolkiger Tag mit etwas Regen. Olli platzt der Kragen: Die Kinder sind zu faul, das Aktometer zeigt, dass er bei weitem die meiste Energie verbraucht, am Vortag war er elf Stunden siebzehn Minuten körperlich aktiv, heute werden es zwölf Stunden und acht Minuten sein – die Pausen nicht gerechnet. Auf der Einnahmeseite stehen dagegen nur oben beschriebene Mahlzeiten, dünne Süppchen mit Halbgarem drin. Eigentlich verständlich, dass ihm das an die Nervenstärke geht.

Donnerstag, 3. August.

Positiv: Der arrogante Hecht vom Montag zappelt im Netz.

Negativ: Die Ziegen husten, eine Kuh lahmt, die Schuhe weichen auf.

Freitag, 4. August.

Der Tag, an dem das Ehepaar Schrunner die Trombe über dem Bodensee fotografiert; der Schlauch zieht Wasser, in zwei Tagen wird alles herunterkommen.

An dieser Front ist momentan also noch Ruhe im Dorf. An dieser.

Claudia ist mit den Kindern in den Wald gegangen, zum Beerensammeln. Nach ungefähr drei Minuten ruft Roman: „Hey, schaut mal, dieser Baum … das ist meine Burg", und schon sind alle weg und Claudia darf alleine weitersammeln – ach ja: Till steuert dann doch noch zwei Schnecken bei, die aber am späteren Nachmittag wieder freigesetzt werden: So groß ist die Not noch nicht.

Claudia hat sich am Fuß verletzt – trotz Lederschuhen: Sie hat sich eine Steinzeitkompresse gemacht, ein desin-

Ein Hecht und viele Kräuter: Auf die Sippe wartet ein Leckerbissen.

Medizin in der Jungsteinzeit

Gleich zweimal musste sich der Mann unters Messer legen. Wohl gemerkt unters Feuersteinmesser: Vor über 7000 Jahren haben Operateure einem Mann aus Ensisheim im Elsass zweimal hintereinander den Schädel geöffnet. Mit Klingen aus Feuerstein schnitten sie die Kopfhaut weg und schabten den Knochen ab, bis ein ovales Loch entstand. Eine solche Trepanation ist mit den steinzeitlichen Hilfsmitteln nahezu unvorstellbar. Aber auch ohne Skalpell, heutige Narkose- und Desinfektionsmittel gelang den Medizinmännern der Linearbandkeramik der gefährliche Eingriff bei diesem Patienten: Beide Operationen hat der Mann viele Jahre überlebt.

Der Schädel aus Ensisheim ist das älteste Zeugnis einer Schädelöffnung, das Archäologen bisher in Mitteleuropa entdecken konnten. Die Operateure hatten dem Mann geradezu riesige Löcher in den Schädel gebohrt. Die Öffnungen besaßen Durchmesser von sechs und neun Zentimeter! Doch er überlebte die Eingriffe so lange, dass die Wunden schon fast vollständig verheilt waren. Als er im Alter von etwa 50 Jahren starb, hatten hauchdünne Knochenschichten begonnen, die Löcher zu verschließen. Die Medizinmänner verstanden augenscheinlich ihr Geschäft – hatten aber sicher auch eine gute Portion Glück.

Zu einem solch gefährlichen Eingriff entschlossen sich die Jungsteinzeitler sicher nicht ohne guten Grund. Möglicherweise hatte der Betroffene starke Schmerzen, die man so zu lindern versuchte. Aber auch religiöse Gründe wie etwa Dämonenaustreibungen oder Initiationsriten sind nicht auszuschließen. Oft war wahrscheinlich eine Kopfverletzung Anlass zur Operation. Die Heilungschancen des Verletzten verbesserten sich, wurde die Wunde gesäubert und von losen Knochensplittern oder scharfen Kanten befreit. So sind einige Trepanationen wohl aus der Not geboren und nicht in der eigentlichen Absicht entstanden, den Schädel zu öffnen. Dennoch beweisen sie erstaunliches medizinisches Können. Zum Glück der Patienten sind frisch geschlagene Feuersteinklingen steril.

Steinzeitliche „Notfallapotheke"

Die Kenntnisse steinzeitlicher Medizinmänner waren auch in anderen Bereichen wahrscheinlich umfangreicher, als wir das heute annehmen. In den jungsteinzeitlichen See-

ufersiedlungen am Alpenrand sind mehrere Dutzend Pflanzen nachgewiesen, die heute eine Rolle in der Naturheilkunde spielen. Sicher wussten schon die damaligen Menschen um die Wirkung bestimmter Pflanzen. Auch Ötzi, die Mumie vom Hauslabjoch, trug auf seiner Wanderung eine medizinische „Notfallapotheke" bei sich. Eine auf zwei Fellstreifen aufgefädelte Kugel stellte sich in Untersuchungen als Fruchtkörper eines Birkenporlings heraus. Dieser Pilz besitzt eine blutstillende und antibiotische Wirkung. Seine toxischen Öle könnte Ötzi als Wirkstoff gegen die in ihm nistenden Darmparasiten eingesetzt haben.

Der jungsteinzeitliche Mann aus Pritschöna in Sachsen-Anhalt überlebte zwei Schädelöffnungen.

Dazu fand man an seinem Körper über 50 Tätowierungen. Sie waren an Stellen wie den Kniegelenken und der Lendenwirbelsäule angebracht, die im Leben stark beansprucht werden und verschleißen können. Daher gehen die Wissenschaftler davon aus, dass hier keineswegs nur eine Verschönerung der Haut stattfinden sollte, sondern dass es sich um eine Form der Schmerztherapie gehandelt hat.

Bei kleinen Verletzungen hilft sich die Sippe mit Spitzwegerichkompressen.

fizierendes Spitzwegerichblatt, das sie mit einem Baststrick um den schmerzenden Zeh gebunden hat.

Die Anprobe: neue Schuhe aus Bärenfell

Die Experimentalarchäologin Anne Reichert kommt ins Dorf. Sie ist europaweit eine anerkannte Kapazität in der Rekonstruktion steinzeitlicher Textilien. Für uns hat sie Ötzis Ausrüstung minutiös rekonstruiert und nachgebaut, heute bringt sie die berühmten Bärenfellschuhe mit, Ingo und Henning sollen sie probieren. Kaum haben die beiden die Schuhe an, beginnen sie – wie auf Kommando – mit einem schwerfälligen Bärentanz. Anne Reichert ist einen Moment irritiert. „Damit kann man doch nicht laufen", meint Henning und in der Tat, die Schuhe sehen äußerst klobig an den beiden aus. „Die sind exakt für eure Schuhgrößen gearbeitet", meint Anne, doch die beiden bleiben dabei: „Mit diesen riesigen Dingern stolpert man doch dauernd." Wir werden sehen!

Olli nützt den Besuch von Anne, um einmal seinem Frust freien Lauf zu lassen: zu wenig zum Essen, zu wenig Werkzeug, zu wenig Leute … „Wir sind vom Himmel gefallen in ein nicht perfektes Steinzeitdorf, nur Spucksuppe, hart schlafen …"

Anne Reichert kontert kühl: „Ich weiß nicht, was ihr wollt! Eure Vorratskammer ist voll, draußen steht die reife Ernte, ihr lebt in einem Steinzeit-Schlaraffenland." Und dann setzt sie noch nach: „Ihr kennt das vielleicht nicht, aber ich … ich bin noch Kriegsgeneration, ich habe auf der Flucht mit bloßen Fingern verfaulte Maiskörner aus dem Straßendreck gepult und vor lauter Hunger Gras gegessen."

Die Protagonisten kommen jetzt in Erklärungsnöte, „aber Spelzen essen …", doch Anne Reichert unterbricht: „Ihr braucht das ja nicht runterschlucken, ihr könnt es doch auch einfach ausspucken."

Stimmt eigentlich. Die Protagonisten werden nachdenklicher. Olli meint: „Ich begreife langsam, dass man wenig über die Jungsteinzeit sicher weiß. Und wir sind die Pioniere, die das wenige überprüfen sollen."

Living Science eben!

Wie die Wissenschaft arbeitet – oder: Wer war eigentlich Ötzi?

Was weiß man überhaupt von der Jungsteinzeit und den Lebensumständen damals? Und was weiß man nicht? Wie geht die Wissenschaft vor, um etwas zu erfahren?

Das Ganze können wir an einem prominenten Fall durchspielen: Wer war eigentlich dieser Mann, den alle Ötzi nennen?

Natürlich wüssten wir gern, wie alt er war, welche Augenfarbe und am liebsten auch, welchen Charakter er hatte und vieles mehr. Doch manche unserer Fragen werden wohl für immer im Dunkeln bleiben. Allerdings kann die Wissenschaft zu dem Gletschermann durchaus einige interessante Mosaiksteine liefern. So haben die Forscher Romana Prinoth-Fornwagner und Thomas R. Niklaus die Radiokarbondatierung seiner Knochen ausgewertet und sind zu folgendem Ergebnis gekommen:

Ötzi starb
– mit 8-prozentiger Wahrscheinlichkeit zwischen 3140 und 3210 v. Chr.
– mit 36-prozentiger Wahrscheinlichkeit zwischen 3210 und 3160 v. Chr.
– mit 56-prozentiger Wahrscheinlichkeit zwischen 3350 und 3300 v. Chr.
(Quelle: Konrad Spindler et. al.: Der Mann im Eis. Wien/New York 1995).

Doch wie alt war Ötzi nun zum Todeszeitpunkt? Die Antwort lautet: Der Mittelwert aus neun Berechnungen plus/minus fünf Jahre liegt bei 45,7 Jahren.

Und die Todeszeit? Drei der bei dem Mann gefundenen Pflanzenreste lassen folgende Rechnung zu:
– Hopfenbuchenblüten: Sie blühten damals bis Juni.
– Schlehen: Sie wurden zwischen Juli und November geerntet.
– Spitzahornblätter: Sie wurden zwischen den Monaten Juni und September gepflückt.

Modell des Mannes aus dem Eis im Südtiroler Archäologiemuseum in Bozen

Die Schnittmenge für den Zeitraum, in dem man plausiblerweise alle drei Pflanzenteile auf einmal bei sich haben könnte, liegt bei Ende Juni/Anfang Juli.

Sicherere Fakten lieferte dagegen die Leichenschau: 1,60 Meter groß, 50 Kilo schwer, Schuhgröße 37/38, Haarfarbe dunkelbraun bis schwarz.

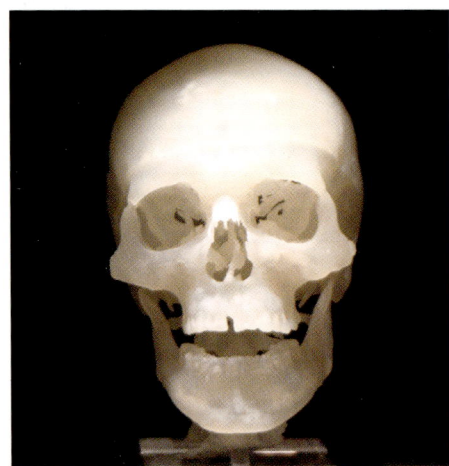

Rekonstruktion von Ötzis Schädel im Südtiroler Archäologiemuseum in Bozen

Nehmen wir an, dass sich das Drama Ende Juni/Anfang Juli (relativ sicher) des Jahres 3300 (grob geschätzt) ereignete, und ziehen das Alter von 45,7 Jahren (sehr grob gemittelt) ab, dann könnte man zu der Annahme kommen, dass Ötzi im Dezember 3346 v. Chr. geboren wurde. Dieses Faktenspielchen zeigt die beiden Extreme, zwischen denen sich Archäologen bewegen und zurechtfinden müssen: zwischen der grob geschätzten oder hochgerechneten Annahme und der bezwingenden Aussagekraft wissenschaftlicher Nachweismethoden.

Zwischen Punktgenauigkeit und grober Annäherung

Was ins Auge fällt: Bei den Berechnungen des Todesjahres von Ötzi gibt es eine Unschärfe von 210 Jahren.

Wenn Archäologen einen gut erhaltenen Pfahl eines Hauses ausgraben, können sie nach erfolgter dendrochronologischer Untersuchung des Holzes nicht nur das Jahr sicher bestimmen, in dem der Baum gefällt wurde, sondern auch die Jahreszeit, Frühjahr, Sommer, Herbst oder Winter. Anders bei der Radiokarbondatierung: Sie misst den Abbau des radioaktiven ^{14}C . Allerdings hat sich die ^{14}C-Konzentration über die Jahrtausende hinweg nicht konstant gehalten.

Während also eine wissenschaftliche Methode nahezu eine Punktlandung erlaubt, lässt die andere nur eine grobe Annäherung zu, mit der die Wissenschaft dann umgehen muss.

Einerseits. Auf der anderen Seite spielt auch die Fantasie eine Rolle. So standen Forscher immer wieder vor ähnlichen Funden: ein schwarzer Klumpen Birkenpech, in dem sich die Abdrücke von Zähnen fanden. Ratlosigkeit, bis es schließlich bei einem „klingelte": Das klebrige schwarze Zeug wurde früher möglicherweise als Kaugummi genutzt.

Die ^{14}C-Methode – Altersbestimmung durch Radioaktivität

Die Radiokarbondatierung oder ^{14}C-Methode dient zur Bestimmung des absoluten Alters eines Fundes. Sie eignet sich am besten für Fossilien, menschliche oder tierische Knochen, aber auch andere organische Materialien wie Holzkohle, die zwischen 2500 und 50 000 Jahren alt sind. Die Methode wurde bereits 1949 von Willard Libby erfunden. Er bekam dafür 1960 den Nobelpreis.

Die Radiokarbondatierung nutzt die Erkenntnis, dass das radioaktive Kohlenstoffisotop ^{14}C mit einer Halbwertszeit von 5730 Jahren zerfällt. In der Luft sind zum allergrößten Teil stabile Kohlenstoffisotope vertreten, ein geringer Anteil ist ^{14}C. Ein Organismus nimmt in seinem Leben die Kohlenstoffisotope in diesem bestimmten Mengenverhältnis auf. Stirbt das Lebewesen, reichert es keinen neuen Kohlenstoff mehr an. Die vorhandenen ^{14}C-Isotope beginnen zu zerfallen, ohne dass neue hinzukommen. Aus dem Verhältnis von nicht-radioaktivem Kohlenstoff zu ^{14}C kann man daher heute ablesen, welche Zeitspanne seit dem Tod des Organismus vergangen ist: Je weniger ^{14}C, desto älter ist das Probenmaterial, beispielsweise das Holz eines gefällten Baumes oder der Knochen eines Menschen.

Datierung in Zeitspannen

Ein ^{14}C-Datum kann nie präzise bezeichnet werden, zu viele Ungenauigkeiten bei Probennahme und Messung beeinflussen das Ergebnis. Deswegen wird die Datierung mit einer Zeitspanne angegeben, die kaum genauer als ein Jahrhundert zu fassen ist.

Ein gravierendes Problem offenbarte sich im Laufe der Entwicklung der Methode: Der ^{14}C-Gehalt der Atmosphäre blieb nicht über die Jahrtausende konstant, sondern schwankte. Früher lag er deutlich höher als heute. Die gewonnenen Datierungen müssen daher neu geeicht werden. Dies gelingt mithilfe der Dendrochronologie: Aus den einzelnen Jahrringen von Bäumen, deren Alter bekannt ist, kann als Korrektiv der wirkliche ^{14}C-Gehalt bestimmt werden.

Bäume als Zeitmesser – Dendrochronologie

Die Dendrochronologie macht sich das schubweise Wachstum der Bäume zunutze. In unseren gemäßigten Breiten bildet ein Baum im Frühjahr ein anderes Holz als im Sommer. Durch diesen Wechsel von „Früh-" zu „Spätholz" lassen sich im Stammquerschnitt einzelne Jahrringe unterscheiden. Je nachdem, wie gut ein Baum in einem Jahr gedieh, ist der Jahrring breiter oder schmaler ausgeprägt. In einem milden und feuchten Jahr wächst der Baum besser als bei Trockenheit oder Kälte. Er spiegelt so in seinem Wachstum das herrschende Klima. Und dieses ist in keinem Jahr genau dasselbe wie in dem zuvor. Bäume der

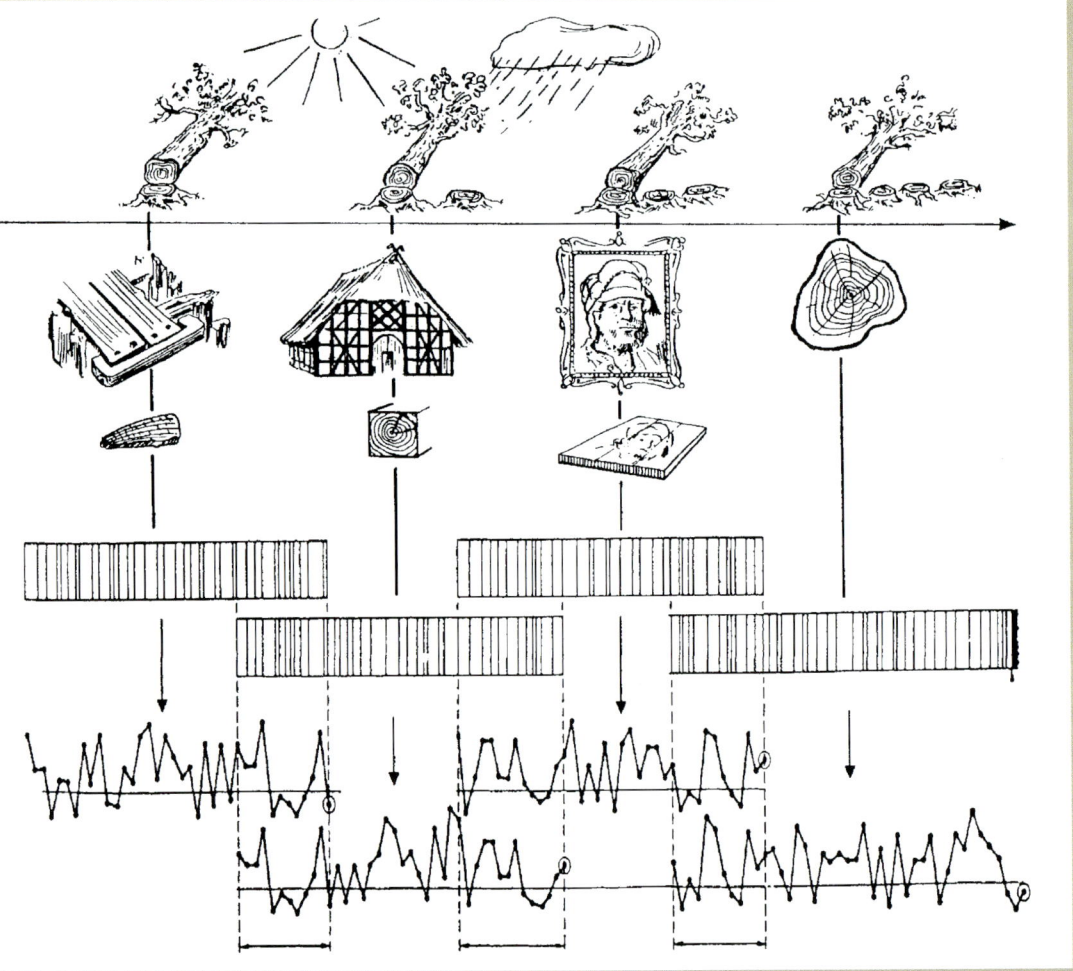

Jahrringkalender, aus den Jahrringkurven von Bäumen, alten Balken und ausgegrabenen Hölzern erstellt

gleichen Art zeigen in derselben Region ein ganz ähnliches Muster aus breiten und schmalen Ringen. Diese Jahrringkurve ist für eine bestimmte Zeit und ein Gebiet charakteristisch und wiedererkennbar.

Ein zuverlässiger Kalender

Dendrochronologen haben mehrere Zehntausend Jahrringkurven einzelner Bäume übereinandergelegt, gemittelt und eine Referenzkurve geschaffen, mit der nun jeder neue Baum verglichen werden kann. Ist das Holz gut genug erhalten, um es in die Kurve einzupassen, kann der Dendrochronologe das Fälldatum des Baumes jahrgenau, ja sogar jahreszeitengenau bestimmen.

Der Jahrringkalender ging von Bäumen aus, deren Fälldatum man kannte. Diese Kurve wurde mit Bäumen verlängert, die sich in ihrer Lebenszeit mit den ersten überschnitten, aber weiter in die Vergangenheit zurückreichten. Und so führte man die Kurve immer weiter fort. Eichen eignen sich am besten als Grundlage eines solchen Kalenders, da sie mehrere Hundert Jahre alt werden können. So reicht die mitteleuropäische Eichenchronologie weit in die Vorgeschichte zurück: bis in die Mitte des 9. Jahrtausends v. Chr. In dieser Zeit war das Klima wärmer geworden und Eichen konnten sich aus dem Mittelmeergebiet nach Norden ausbreiten. Zuvor hatten Kiefern die Wälder dominiert. Auch ihr Wachstum ist so charakteristisch, dass sich Jahre ablesen lassen. Allerdings bereitete eine Verknüpfung von Eichen- und Kiefernkurve lange Zeit Schwierigkeiten. Erst vor wenigen Jahren gelang der Durchbruch: Der gemeinsame Jahrringkalender beider Arten reicht jetzt, mit kleineren Unterbrechungen, über 14 000 Jahre zurück.

Die Gründung von Ufersiedlungen

Da die Bauhölzer der Ufersiedlungen wie Hornstaad am Bodensee sich unter Wasser gut erhalten haben, kann mit dendrochronologischen Untersuchungen die Errichtung vieler Siedlungen jahrgenau bestimmt werden. Dabei fällt auf, dass zahlreiche Ufersiedlungen genau zu derselben Zeit gegründet und wieder verlassen wurden. Eine Erklärung hierfür bietet das Klima: Es steuert auch überregional Seespiegelschwankungen. Ein hoher Wasserstand zerstörte die Dörfer, die zu nah an den Seen standen; die Siedler mussten sich zurückziehen. Erstaunlicherweise folgte man dann aber auch bei wieder sinkendem Seespiegel der Wasserlinie. Aus irgendeinem Grund scheint es günstig gewesen zu sein, die Dörfer in überschwemmungsgefährdeten Gebieten zu errichten. Nicht selten mussten die Siedler auf solche Klimaschwankungen reagieren. Am Zürichsee wechselten sich trockene und überflutete Ufer allein in der Steinzeit dreißigmal ab.

„Gewährleistungsdenken" hätte Untergang bedeutet

Wenn es bei diesem Projekt einen Tiefpunkt gab, dann war das am Sonntag, dem 5. August, dem siebten Tag im Dorf. In der Nacht schon hatte es zu schütten begonnen, in einem Ausmaß, dass im ganzen Umland die Keller zu Hunderten überflutet wurden; die Feuerwehr war Tag und Nacht im Einsatz – kurz: Die Bauten des 19., 20. und 21. Jahrhunderts n. Chr. gerieten reihenweise an die Grenzen ihrer Wetterfestigkeit. Wie hätte da ausgerechnet die Architektur des 33. Jahrhunderts v. Chr. den Wassermassen Paroli bieten können?

An allen Ecken des Pfahlbaudachs war nach und nach Wasser eingedrungen, erst nur ein paar Tropfen, dann wurden es dünne Rinnsale, dann dickere. Nach kurzer Zeit gab es schon keinen trockenen Fleck mehr im Haus und seine Bewohner suchten verzweifelt nach einer Möglichkeit, ihre Habseligkeiten trocken zu halten. Vergeblich. Alles wurde nass: die Schlafplätze, Felle, Kleider, Vorräte,

Nicht steinzeitgemäßer Regenschutz für die Wohnhütte im Dorf

die Menschen. Und wie sollten sie sich und alles andere wieder trocken bekommen? Der Himmel sah überhaupt nicht danach aus, als würde sich das Wetter bessern.

Die Stimmung wird immer angespannter, Martin platzt der Kragen: „Wenn nur einer eine Lungenentzündung kriegt, gehen wir hier alle geschlossen raus!", drohte er. Schließlich greifen wir ein: Zwei SWR-Arbeiter steigen mit Leitern auf das lecke Dach und decken es mit breiten Plastikbahnen ab, um Schlimmeres zu verhindern, abends bringen wir noch warme Decken ins Dorf – Steinzeit hin oder

Die mit Rohrglanzgras gedeckten Dächer sind dem Dauerregen nicht gewachsen.

her: Jetzt ging es um die Gesundheit unserer Protagonisten; sobald das Ärgste überstanden war, würden wir das Zeug wieder herausholen.

Pannen gehörten zum Alltag

Dieses feucht-klamme Erlebnis spülte einen ersten, hochinteressanten Erkenntnisgewinn über einen fundamentalen Unterschied zwischen dem Neolithikum und unserer Zeit nach oben: Wir nannten ihn „Gewährleistungsdenken". Unsere Protagonisten reagierten bei dieser unvorhergesehenen Panne nämlich so, wie man als 2006er-Mensch eben auf solche Pannen reagiert – man fragt zunächst mal nach dem Schuldigen: Habe ich selbst Mist gebaut? Oder ist jemand anderes für den Zwischenfall verantwortlich? Im Falle des undichten Daches wurde diese Frage von Martin klar beantwortet: „Ihr habt uns diese Hütte hier reingestellt, nun schaut auch zu, wie ihr sie dicht kriegt." So oder jedenfalls so ähnlich. Und wir vom SWR-Team reagierten nicht viel anders und gaben den Druck ebenfalls weiter: Für den Bau des Hauses war das Pfahlbaumuseum Unteruhldingen zuständig gewesen; so standen zwei Tage nach dem Regendesaster Museumschef Schöbel und sein Cheftechniker Rolf Auer auf dem Dorfplatz.

Zaghaft hatte sich für ein paar Stunden die Sonne durch die Wolken gekämpft und jetzt hing draußen alles voller nasser, dampfender Kleider und Felle.

Schöbel zog drei Schlüsse: „Erstens: Rohrglanzgrasdächer halten starken Regen offenbar schlechter aus als Schilfdächer. Zweitens: Für solche Starkregen muss das Dach mit noch mehr Schichten belegt werden. Drittens: Das Dach ist

Die lange Schlechtwetterphase zehrt an den Nerven der Protagonisten.

zu flach; 45 Grad und mehr taugen nichts, der Winkel muss spitzer sein." Aber hätte er das nicht früher wissen können? Doch so ist das eben mit solchen Pionierversuchen. Viele Erkenntnisse kommen erst mit dem Ausprobieren. Und Schöbel machte gleich einen weiteren Punkt klar: Mit einer solchen Haltung – eben dem „Gewährleistungsdenken" – hätte man damals nicht überleben können. Statt nach Schuldigen, Verantwortlichen und Verursachern zu suchen, hätte ein Steinzeitmensch nur eines gesehen: das Problem. Und nur eines gedacht: Wie kann ich das System so optimieren, dass der Fehler nicht mehr auftritt? Wobei die Betonung auf dem Wort „ich" liegt!

Was Schöbel an diesem Beispiel deutlich machte, ist das völlig andersartige Herangehen an die Dinge: Ein System wurde erst dann optimiert, wenn es Schwächen hatte. Pannen gehörten somit zum Alltag und waren klare Hinweisgeber: Hier ist Entwicklungsbedarf. Heute wollen wir für alle erdenklichen Unbilden gewappnet sein. Und das verlangen wir auch von den Produkten, die wir kaufen. Und falls das nicht wie gewünscht klappt, fordern wir Gewährleistung ein – ein Ritual der Jetztzeit.

Basisdemokratie in der Steinzeit?

Noch in einer weiteren Hinsicht waren unsere Protagonisten in ihrer Neuzeit-denke verhaftet – und störten damit ihre eigenen Kreise empfindlich: Sie blieben ihren basisdemokratischen Idealen treu. Martin war einer der Hauptverfechter dieser Linie, ohne hierarchische Strukturen zusammen zu leben und zu arbeiten. Gleichzeitig litt er aber auch stark unter der selbst verordneten Hierarchielosigkeit: „Seit einer Woche reden wir darüber, dass die Feuerstelle vergrößert werden muss und nichts passiert, das nervt mich." Es wird zu viel diskutiert im Dorf, auch Henning ist angezählt: „Es geht immer ums Rechthaben, irgendwann habe ich es mal satt, ständig angefurzt zu werden."

Olli denkt da anders, diskutiert es aber nicht mit den anderen, zumindest nicht vor laufender Kamera. Man spürt, dass er nicht nur gerne das Kommando im Dorf übernehmen würde, man spürt auch, dass er in dieser schwierigen Situation der richtige Mann dazu wäre. Denn Olli ist Landwirt. Er sieht, was alles zu tun ist, und er ist auch den ganzen Tag am Ackern. Und so einer müsste den anderen sagen, was sie wann wie zu machen haben.

Aber eine solche Struktur, in der einer das Sagen hat, wollen die anderen eben nicht und so erlebt Olli ohnmächtig, dass viel zu viel diskutiert wird, statt jede freie Minute zwischen zwei Platzregen zu nutzen, um das Getreide zu ernten; so – Garbe für Garbe – bekommt man nämlich auch ein Feld leer.

Doch das geschieht nicht. „Wir toben nicht einen halben Tag auf dem Acker rum, um Getreide zu ernten, das wir nicht entspelzen können", sagt Martin.

„Meinst du, dass ihr so hättet überleben können?", fragt ihn Regisseur Martin Buchholz daraufhin. Die Antwort: „Nein!"

Ernten: ja oder nein? Und: Warum nicht? Und das, obwohl unsere Landwirtschaftsexperten schon vom allerersten Tag an darauf drängten, das Getreide in zwei, drei langen Ernte-Tageseinsätzen ins Trockene zu bringen. Diese Debatte sollte sich noch zwei weitere Wochen hinziehen.

Und sie zog sich damit in einen Zeitraum hinein, in dem das Dorf zwei wichtige Helfer verloren haben würde: Ingo und Henning. Denn die klinkten sich schon in diesen Tagen mehr und mehr aus dem Dorfgeschehen aus, um an ihrer Ausrüstung zu arbeiten oder Pemmikan, eine Mischung aus Trockenfleisch, Fett und Trockenfrüchten, herzustellen.

Nur wenige Tage noch und die beiden würden zu ihrem großen Abenteuer aufbrechen, der Tour vom Hinterland des Bodensees bis nach Bozen, zu Fuß über den Alpenhauptkamm.

Die Alpen

Zu Fuß vom Bodensee über die Berge

Zwei Männer aus dem Steinzeitdorf machen sich auf den Weg in den Süden. Ausgerüstet wie Ötzi, der Mann aus dem Eis, werden sie die Alpen überqueren und Waren wie Salz und Feuerstein für die Sippe besorgen. Ein beschwerliches und nicht ganz ungefährliches Unternehmen ...

Warum ausgerechnet über die Alpen?

Wer in der Poebene oder im Allgäu steht und sich umschaut, sieht zweierlei: rundum intensive Landwirtschaft auf besten Böden und, weiter hinten, die drohende Wand der Alpen. Dieses Panorama war vor 5000 Jahren nicht viel anders als heute. Warum um alles in der Welt hätte ein Steinzeitmensch von hier weg nach „da hinten" gehen sollen? Hier gab es doch, schon damals, alles zuhauf: Kräuter, Früchte, Wurzeln, Wild, Fische … Was war der Grund, dass sich Ingo und Henning und vor ihnen Heerscharen von Vorvätern auf den Weg machten, raus aus ihren fruchtbaren Paradiesen und mitten hinein in eine lebensfeindliche Welt aus Geröll, Schnee, Eis, schroffen Tälern, steilen Felswänden und sturmumtosten Graten? Hatte das einen tieferen Sinn oder war das vielleicht nur frühe Lust auf Outdoor-Thrill?

Auf die steinzeitlichen Reisenden wartet ein anstrengender Weg durch die Alpen.

Möglicherweise ist der Grund, wie so oft, völlig unspektakulär: Es war die liebe Gewohnheit, frei nach dem Motto: Das haben wir schon immer so gemacht!

Um das zu verstehen, muss man sich noch einige Tausend Jahre weiter zurückdenken, in die Altsteinzeit (die um 9500 v. Chr. endete), als die Menschen den Ackerbau noch nicht kannten. Damals gab es ja zwei Basisstrategien, um an Nahrung zu kommen: Sammeln und Jagen. Hätte man sich nur auf das Sammeln spezialisiert, hätte man spätestens ab Herbst Probleme bekommen, im Winter wuchs eben nichts. Wild dagegen gab's auch bei Schnee und Eis, jedoch war man dem Jagdglück ausgeliefert. Dass die Kombination aus beidem – Sammeln plus Jagen – überragende Vorteile bot, hatten unsere Vorväter sehr schnell begriffen. Nur: Das Wild blieb dummerweise nicht an einer Stelle, sondern zog in bestimmten Rhythmen von einem Ort zum anderen; wer satt werden wollte, musste mit Sack und Pack eben ständig hinterherziehen.

Der Jagdbeute nach in die Berge

So funktionierten die Wildbeutergesellschaften: kleine, hoch mobile Jägertrupps, die ihr Leben ganz nach den Gewohnheiten ihrer Beute ausrichteten. Diese bewährte Strategie wurde auch nach dem Ende der Altsteinzeit weiter praktiziert: Nehmen wir zum Beispiel ein Rudel Hirsche, das da vor Jahrtausenden im April in den grünen Uferwiesen des Po grast – ein friedliches Bild. Doch das ändert sich bald, leider! Denn je näher der Sommer rückt, umso dürrer wird die Idylle: Die Tage werden immer heißer, Trockenheit macht die Suche nach frischem Gras immer schwieriger. Das könnte ganz schnell zu einem existenziellen Problem für das Rudel werden. Doch die Tiere tragen ein Überlebensprogramm in sich: Sie ziehen den Regenwolken nach. Und die stauen sich vorzugsweise an den Alpenrändern: Dort regnet es häufiger, dort ist das Gras weiterhin grün und saftig. Immer weiter hinein in die Alpentäler fressen sich die Tiere und entdecken bald, dass es da oben eine Baumgrenze gibt, mit vielen freien Flächen zum bequemen Grasen.

Die Jäger, die dem Zug der Tiere gefolgt sind, wurden auf diese Weise ganz automatisch in die Bergwelt hineingeführt. Wahrscheinlich empfanden sie diese raue Welt zwischen hoch aufragenden Steinriesen auch überhaupt nicht als lebensfeindlich, im Gegenteil: Schließlich waren es fette Steaks, warme Felle und beste Hornwerkzeuge, die da auf den saftigen Almen grasten.

Aber mit dem Spätsommer ist hier wiederum Schluss mit lustig: Die ersten Schneestürme fegen über die baumfreien Matten – zunächst reicht es, dass die Tiere ein paar Höhenmeter nach unten ausweichen. Doch nach und nach kommt der Schnee auch hierhin, also heißt es weiterziehen. So beginnt der Winter unser Hirschrudel vor sich herzutreiben; zuerst in immer tiefere Lagen, dann raus aus den Bergen und schließlich so weit wie möglich ins Flachland hinein, bis sie erneut am Po stehen – wie immer mit den Jägern im Schlepptau.

Als die Menschen vor ungefähr 7000 Jahren begannen, sich in den fruchtbaren Ebenen von Rhônetal, Provençe, Po und Riviera niederzulassen, Ackerbau zu betreiben und Tiere zu züchten, standen sie vor einem ähnlichen Problem: Für ihre Schafe beispielsweise gab es im Sommer einfach zu wenig Frischfutter und Wasser. Was also tun?

Bei der Problemlösung nutzten unsere Vorväter womöglich wieder ihre „Wildbeuter-Software": Sie trieben ihre Tiere im Rhythmus des Wildes hin und her, im Sommer rein in die feuchten Berge, im Winter raus in die schneearmen, dafür aber regenreichen Ebenen. Transhumanz nennt man diese Bewirtschaftungsform.

Kürzen wir es etwas ab: So wie die Jäger den Wildpfaden, die Hirten den Jägerpfaden, die Händler den Hirtenpfaden folgten, so wurden irgendwann mal Römerstraßen auf den viel genutzten Trampelpfaden gebaut und, noch später, Alpenwanderwege wie der E5.

„Steinzeit-EU" oder: Ein ganzer Sack voll weiterer Gründe

Unsere beiden prähistorischen Alpenwanderer Ingo und Henning wussten damals, vor 5000 Jahren, sehr genau, was sie jenseits der Alpen erwartete: Meersalz, Saatgut oder einfach nur der nahezu beste Feuerstein Europas, den man im Hügelland der Monti Lessini zwischen Verona und Vicenza abbaute. Auf der anderen Seite wussten ihre italienischen Zeitgenossen ebenfalls, was der Norden so zu bieten hatte: Bernstein, Keramik und Gehörne bestimmter Tiere.

Forscher vermuten aber, dass es neben dem Tausch noch ein ganzes Bündel anderer Gründe gegeben haben könnte, das dazu beitrug, dass sich Flachländer auf den mühsamen Weg durchs raue Gebirge machten.

„Ich denke, dass sich Jugendliche von damals zumindest in einem Punkt wenig von Jugendlichen von heute unterscheiden: Sie wollen endlich mal raus, endlich mal etwas anderes sehen", vermutet zum Beispiel der Konstanzer Archäologe Helmut Schlichterle. Sein Schweizer Kollege Urs Leuzinger kann sich vorstellen, dass man sich durchaus für bestimmte Situationen einen Startvorteil verschaffen konnte, wenn man einen Alpentrip hinter sich gebracht hatte: „Man hatte danach etwas zu erzählen und wenn man dann der Dorfschönen auch noch eine exklusive Kette aus Meeresmuscheln schenkte, dann konnten konkurrierende Brautsucher einpacken" – das dürfte speziell für Junggesellen wie

Ingo und Henning eine gute Motivationshilfe gewesen sein, wenn es auf 2500 Metern schon mal den vierten oder fünften Tag in Folge regnete.

Ein hoch interessantes Motiv steuert noch der italienische Archäologe Ausilio Priuli bei. Er vermutet, dass es vor allem in den Alpen prähistorische Kultstätten gab: Der gesamte Alpenraum ist voll mit Felsritzungen und -zeichnungen, die bis in die Jungsteinzeit zurückreichen. Besonders spektakulär sind die Felsgraffitis im Nationalpark von Naquane in Capo di Ponte im Val Camonica nörd-

lich von Brescia: Auf rund 100 gewaltigen Felsen sind dort circa 30 000 Figuren eingeritzt oder -geschlagen, am Grande Roccia, dem großen Fels, sind es allein über 1000 – beginnend mit der Jungsteinzeit bis zur Eisenzeit (Letztere umfasst die Jahrhunderte von 800 v. Chr. bis zur Zeitenwende).

Die jungsteinzeitlichen Figuren sehen sich alle ähnlich: Strichmännchen mit erhobenen Armen, „eindeutig eine Anbetungshaltung", meint Gunter Schöbel, der Chef des Unteruhldinger Pfahlbaumuseums. Und das würde bedeuten: Es könnte in der Zeit unserer beiden Wanderer bereits so etwas wie Religion gegeben haben und damit auch eine Frühform der Pilgerreise.

Graffiti auf der Stele 3 von Capo di Ponte im Val Camonica, das in die frühe Bronze- oder gar in die Steinzeit zurück-reicht

Wichtig sind für Schöbel noch zwei weitere Motive: „Die Alpengeher fielen in der Zeit ihrer Wanderung der Dorfgemeinschaft nicht zur Last, weil sie sich unterwegs und damit nicht aus dem Vorratspool des Dorfs ernährten; wenn sie dann wieder zurückkamen, brachten sie meist neue Techniken, Fertigkeiten, Nachrichten und Geschichten mit."

Fazit: Es könnte für die Zeitgenossen Ötzis viele Gründe gegeben haben, sich den Stress einer Alpenüberquerung anzutun. Und diese Gründe waren offenbar so gut, dass nach und nach der gesamte Alpenbogen von einem System von Pfaden durchzogen wurde. Eine Art „Steinzeit-EU" war entstanden.

Steinzeitliche Wirtschaftsunion

Die Menschen der Pfahlbausiedlungen pflegten weitreichende Handelsbeziehungen. In Hornstaad-Hörnle fanden die Ausgräber Schalen von Meerestieren, die einen langen Weg hinter sich hatten: Sie stammen aus dem Mittelmeer und dem Atlantik. Am Bodensee trug man sie mit Durchbohrungen als auffallenden Schmuck. Sie sind nicht die einzigen schönen Stücke, welche die Pfahlbauern sich in anderen Regionen besorgten. Aus den Südvogesen etwa kamen prunkvolle Beile aus Schwarzgestein in die Siedlung. Der spektakulärste Fund in Hornstaad aber war ein reines Prestigeobjekt: eine Kupferscheibe. Sie ist der älteste Kupferfund in ganz Süddeutschland. Vielleicht war sie ein Rangabzeichen? Vergleichbare Funde gibt es zu dieser Zeit im östlichen Mitteleuropa. Metallanalysen haben eine Herkunft des Stückes aus dem Gebiet der Slowakei bewiesen.

Im Tausch gegen diese wertvollen Stücke aus Ost und West konnte die Siedlung am Bodensee eine lokale Spezialität anbieten: weiße Kalksteinperlen. In den Abfallschichten des Dorfes fanden Archäologen rund 3600 dieser kleinen, röhrenförmigen Perlen. Es gibt Rohformen in allen Bearbeitungsstadien, über 50 000 Kalksteinabschläge, dazu Schleifsteine und spezielle Bohrer, die eine Herstellung der Schmuckstücke vor Ort bezeugen.

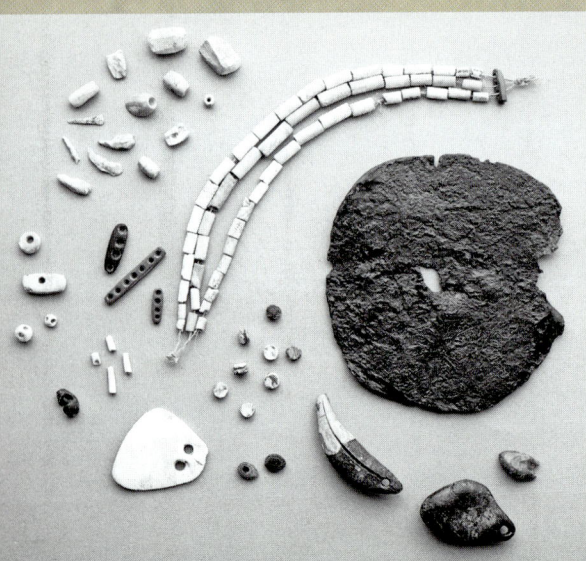

Gegen heimische Perlen tauschten die Pfahlbauern von Hornstaad Prestigeobjekte aus Kupfer ein.

Ein weites Kommunikationsnetz

Ganz Europa durchzog in der Jungsteinzeit ein Geflecht von Routen, auf denen solche begehrten Stücke von Ort zu Ort transportiert wurden. Doch Handelsbeziehungen in überraschender Reichweite entwickelten sich bereits viel früher als zu Ötzis Zeiten. Schon vom Ende der Altsteinzeit kennt man Funde, die einen erstaunlich weiten Weg zurückgelegt haben. Wie in der Jungsteinzeit schmückten sich die Menschen gerne mit den Gehäusen von exotischen Schnecken und Muscheln. Rosafarbene Schneckenhäuser aus dem Mittelmeer etwa waren so begehrt, dass sie in Andernach noch in über 700 Kilometern Entfernung auftauchen. Solche Funde sind Zeugnisse eines weit gespannten Kommunikationsnetzes, das schon vor 15 000 Jahren bestand. Einen richtiggehend kommer-

In Arnhofen bei Regensburg sind die engen Schächte des steinzeitlichen Bergwerks gut erkennbar.

ziellen Handel aber gab es noch nicht zu dieser Zeit. Die Schneckenhäuser gingen auf ihrem Weg die Rhône aufwärts wohl durch unzählige Hände und erreichten den Rhein über eine Vielzahl von Tauschstationen, an denen Gegengaben den Besitzer wechselten.

Feuerstein – Bergbau im großen Stil

In der Jungsteinzeit war es vor allem Feuerstein, der als ausgezeichnetes Rohmaterial für Werkzeuge über weite Strecken transportiert wurde. Feuerstein war nicht in allen Regionen zu finden und wurde daher schon seit dem Beginn der Jungsteinzeit in Handelsnetzen vertrieben, die zum Teil über 300 Kilometer Reichweite hatten. In bestimmten Gegenden wurde er im großen Stil und bergmännisch auch unter Tage abgebaut.

Ein ausgedehntes Bergbaureviers der Jungsteinzeit befand sich beispielsweise im bayerischen Arnhofen bei Regensburg. Dort fand der Bergbau damals in fast schon industriellem Ausmaß statt. Das steinzeitliche Bergwerk ist heute vom Kiesabbau gefährdet. Aus diesem Grund wurden Notgrabungen durchgeführt, bei denen riesige Flächen bewältigt werden mussten. Bisher wurden schon über 3000 Quadratmeter mit mehr als 400 prähistorischen Schächten untersucht. Doch dies ist nur ein Bruchteil des ursprünglichen Bergwerkes von Arnhofen. Mindestens 30 000 Schächte haben die steinzeitlichen Bergleute während einer tausendjährigen Nutzung des Bergwerkes in die Erde getrieben. Bis zu acht Meter tief mussten sie mit Geweihhacken oder Holzspaten graben, um an die begehrten Steine zu gelangen. Die Arbeit an einem solchen Schacht dauerte ein bis zwei Wochen. Die Schächte sind eng, zum Teil nur 90 Zentimeter breit. Deshalb nahm man früher oft an, Kinder hätten einst die mühevolle Arbeit im Bergwerk verrichtet. Doch heute weiß man: Da die Menschen damals kaum größer als 1,60 Meter wurden, bot der enge Schacht durchaus auch erwachsenen Bergleuten ausreichend Platz.

Gabe und Gegengabe

Innerhalb des steinzeitlichen Tauschhandelsnetzes präsentiert sich den Archäologen nur selten ein so deutliches Bild wie in Hornstaad, wo sich Gabe und Gegengabe in exotischen Objekten und einheimischer Schmuckproduktion erkennen lassen. Oft bleibt unklar, was die Abnehmer gegen die begehrten Waren eintauschten. Gut vorstellbar sind aber Dinge, die wir heute nicht mehr nachweisen können, zum Beispiel schöne Kleider, Haustiere und gesammelte Heilpflanzen.

Endlich: Die Alpen!

Sonntag, 13. August 3300 v. Chr. Heute in 5261 Jahren wird mitten durch Berlin eine Mauer gebaut werden.

5261 – das klingt nach unvorstellbar viel Zeit, immerhin 170 Generationen. Auf der anderen Seite: Wenn man sich seinen Vater, seinen Großvater, seinen Urgroßvater, seinen Ururgroßvater und so weiter nebeneinanderstehend vorstellt, dann wirkt das gar nicht mehr so gigantisch: 170 Männer = 15 Fußballmannschaften = 4 Busladungen. Zahlenspiele.

Henning und Ingo sitzen an diesem 13. August in der Vorratshütte, in der sie in den letzten Tagen genächtigt haben, und machen Pemmikan: gelbliche Fettlappen vom am Vortag geschlachteten Wollschwein werden klein geschnippelt und mit Trockenfleisch und Trockenfrüchten vermanscht, das Ganze wird dann schmatzend zu orangengroßen Kugeln geschlagen. Sieht nicht gerade einladend aus. „Vielleicht stoßen wir ja auf andere neolithische Siedlungen, wo wir was zu essen kriegen", meint Henning mit breitem Grinsen.

Ein Tag später um dieselbe Zeit ist das Grinsen weg. Henning steht zusammen mit Ingo plitschnass auf dem schwankenden Deck eines DLRG-Rettungsbootes, das sie in den Yachthafen von Langenargen bringt. Dort gehen die beiden zielstrebig zum Waschraum, ziehen ihre triefenden Lederklamotten aus und stecken sie in den Trockner. Trockner? DLRG? Yachthafen? War hier die Steinzeit aus dem Tritt gekommen? Was war passiert?

Am 14. August hatten die beiden gegen 5:30 Uhr das Dorf verlassen. Wie hatte doch Claudia gesagt: „Ingo und Henning sind zwei Junggesellen, die sich nicht um Kinder kümmern müssen, das heißt, sie sind zwei wertvolle Arbeitskräfte, die wir jetzt verlieren. Aber ich gönne ihnen das und hoffe, dass sie viel Wert-

Henning bereitet den Proviant für die Alpenüberquerung zu: Pemmikan, eine nahrhafte und gut zu transportierende Fettmasse .

volles mitbringen." Konnte man da so etwas heraushören wie erstens: „Viel Vergnügen!", und zweitens: „Aber wagt es ja nicht mit leeren Händen zurückzukommen!"?

Schon nach Verlassen des Dorfs war es schwierig geworden. Normalerweise wären die beiden im fünf Kilometer entfernten Weingarten in ihren Einbaum gestiegen und die Schussen hinuntergepaddelt. Doch die Situation war paradox:

Ingo und Henning verlassen schwer bepackt ihr Dorf zunächst in Richtung Bodensee.

Trotz der pausenlosen Regenfälle führte die Schussen zu wenig Wasser, die vorausgehende Dürreperiode hatte ihre Wasserspeicher geleert. Und so brachten wir die beiden mit ihrem Einbaum per Bus nach Langenargen. Von dort sollten sie zumindest über den See fahren, um kurz hinter Bregenz an Land zu gehen. Doch kaum, dass die beiden die Landabdeckung verlassen, haben sie mit dem Wind und dem Seegang zu kämpfen. Die steilen, ruppigen Wellen schwappen immer wieder an der Bordwand hoch, der Einbaum fasst immer mehr Wasser. Und sinkt dabei. „Wollt ihr ein Statement?", fragt Ingo und hält der Kamera den gestreckten Mittelfinger entgegen. Keine Frage: Dem Manne stinkt's. Und da säuft das Boot auch schon ab. Eine DLRG-Besatzung holt die beiden aus dem Wasser, birgt den Einbaum, Rest: siehe oben.

Nachdem sie trocken sind, der zweite Versuch. Doch kaum sind sie draußen, kommt auch schon wieder das DLRG-Boot angefahren: „Zurück zum deutschen Ufer, da hinten kommt ein Unwetter!"

Das Unwetter war ein ausgewachsener Sturm, wir gaben die Seeüberquerung auf. Es folgte ungeplant Busfahrt Teil zwei ans österreichische Ufer; bei der Einmündung der Bregenzer Ache in den See wartete Coach Thomas Patzleiner, Chef der „Überlebensschule Tirol", auf die beiden.

Ingo und Henning versuchen, mit dem Einbaum über den Bodensee nach Bregenz zu kommen.

Eine Lektion Überlebenstraining

Thomas hatte sich als Treffpunkt eine Kiesgrube ausgesucht, trostlose Schotter-bänke und Geröllhaufen, eine Landschaft in steingrau, dazu der wolkenverhan-gene Himmel und der kalte Wind: „Schau'n wir, dass wir aus dem Wind kom-men, suchen wir uns gleich einen Schutz," begrüßt er die beiden, „wir schwärmen in drei Richtungen aus und suchen einen Platz, dass wir unsere Sa-chen trocken kriegen."

Schnell zeigt sich, dass der Ort gut gewählt ist. Die Kiesgrube in Bregenz-Hardt ist umgeben von urwaldartigen Auen, die drei finden einen geschützten Platz im mannshohen Schilf. Erster Schritt: „Boden absuchen! Sind irgendwo Ameisen? Sonst wird's heute Nacht ungemütlich", meint Thomas.

Dann holen sie Äste, bohren zwei Astgabeln in den Boden, eine Querstange wird oben aufgelegt, dann werden mehrere Holzstangen dagegen und mit zwei, drei Querstangen zu einem Gitter zusammengebunden, auf das Schilfbündel ge-stapelt werden: „Die dicken Enden nach unten, so läuft das Wasser besser ab!"

„Wie stark muss das Dach sein?", fragt Ingo.

„28 Zentimeter Dicke bei 45 Grad Dachneigung, dann haben wir's dicht", ant-wortet Thomas und fügt noch hinzu: „… und dann beten, dass es nicht reinreg-net."

Feuermachen mit Pyrit, Feuerstein und Zunder: die tägliche Herausforderung

Thomas lässt die beiden arbeiten, kontrolliert sie nur. Er wird nur die ersten Tage bei ihnen bleiben, dann müssen sie alleine mit den Bergen fertig werden. Er merkt, dass die Männer müde sind, geschafft von den letzten Tagen, dem Kentern, der Aussicht auf eine erste raue Nacht im Freien. Immer wieder ist er bemüht, die Laune zu heben: „Wundenvergleich! Wer hat sich beim Schilfernten am meisten geschnitten?" Als Ingo und Henning sehen, dass es dem Überlebenstrainer nicht viel anders geht als ihnen, dass auch er sich mehrmals an den messerscharfen Blättern geschnitten hat, fällt die Anspannung etwas von ihnen ab.

Thomas sucht Blutwurz, findet keinen: „Egal. Spitzwegerich tut's auch. Blätter durchkauen, auf den Schnitt legen, das zieht die Wunde zusammen."

Inzwischen dämmert es, die Männer sind schon gut drei Stunden beim Lagerbauen. Das Astgestänge ist mittlerweile dicht mit Schilfbündeln belegt, jetzt macht Ingo ganz routiniert Feuer. „Das Feuer darf über Nacht auf keinen Fall ausgehen", meint Thomas, „wir müssen einen riesigen Berg Feuerholz suchen."

Dann sitzen die drei Männer am Feuer, eigentlich hätten die beiden jetzt noch ihr Abendessen aus dem See holen müssen. Aber zu ihrer großen Begeisterung holt Thomas einige Felchen aus seinem Rucksack: „Hab ich vorsorglich mitgebracht", meint er und das ist eine dieser Gesten, die dazu führen, dass Ingo und Henning künftig nichts, aber auch gar nichts auf ihren Coach kommen lassen werden.

Thomas köpft die Fische, nimmt sie aus und hängt sie an einer Schnur über das Feuer: „Jetzt üben wir mal das Heißräuchern."

Beim Essen blickt er auf den See: „Die Schwalben fliegen nicht mehr so tief, das ist ein gutes Zeichen."

Wenige Minuten später werden sie sich auf ihre Grasmatten legen und mit ihren Fellen zudecken, bereit zur ersten Nacht unter freiem Alpenhimmel.

Thomas zieht Fazit: „Ihr macht das super und ihr werdet das schaffen", er schränkt aber gleich darauf ein: „Wenn's Wetter mitmacht … Aber wenn's auf 2000 Meter Schnee hat, ist es physisch nicht mehr schaffbar!" Worte, an die wir denken mussten, als zwei Wochen später der Tiroler Wetterbericht melden sollte: „Schneefallgrenze auf 1500 Meter absinkend."

Mit Fellmantel über der Schulter und Fensterleder an den Füßen

Lederwams, Lederhose, ein Fellmantel, eine Kraxe mit dem Nötigsten: So ausgerüstet zogen Ingo und Henning los. Vor ihnen lagen Tage und Nächte in Höhen zwischen 2000 und 3000 Metern – ganz ohne Hightech-Anoraks, Thermoschlafsäcke und gemütlich warme Alpenvereinshütten.

Sicher: Damals war die Durchschnittstemperatur in den Alpen um ein bis zwei Grad Celsius höher, die Gletscher waren noch zurückgezogener als heute, zu Zeiten des Treibhausklimas; aber der Fall Ötzi zeigt, dass es in den Hochlagen durchaus schon im Hochsommer schneien konnte.

Das Wichtigste zuerst

Thomas Patzleiner, der Coach unserer beiden Alpengeher, hat einen schönen Begriff für die effizienteste Überlebensstrategie in dieser Höhe: „heilige Reihenfolge". Der Begriff meint einfach nur: first things first. Und das ist zunächst einmal der Bau einer Schutzhütte: „Das ist das Wichtigste, weil ein Mensch bereits bei plus vier Grad Celsius mit kräftigem Wind und ohne Schutz innerhalb von Stunden erfrieren kann." Das Zweitwichtigste ist Wasser, bei Wassermangel besteht immerhin erst ab Tag drei Lebensgefahr. Feuermachen zum Abkochen von Wasser und für die Wärmegewinnung steht an Position drei, erst dann kommt die Nahrungssuche; denn ohne Essen kann man es ohne größere Probleme deutlich länger aushalten – drei Minuten ohne Luft, drei Tage

Ausgerüstet wie Ötzi vor über 5000 Jahren begeben sich Henning und Ingo auf ihre Alpentour.

83

Für die Alpenüberquerer lebenswichtig: ein geeigneter Platz für den Bau einer Schutzhütte

ohne Wasser und drei Wochen ohne Essen lautet die zentrale Survival-Faustregel.

Diese „heilige Reihenfolge", das Nacheinander von Schutzhüttenbau, Wassergewinnung, Feuermachen und Nahrungsbeschaffung sind für Thomas Patzleiner die vier zentralen Grundanforderungen an einen Lagerplatz in freier Natur. Gelernt hat er diese Überlebenstechniken bei den Apachen, doch diese Strategien haben sich weltweit bei vielen Naturvölkern herausgebildet, identisch und völlig unabhängig. Deshalb ist er sich sicher, dass auch unsere Vorfahren zumindest ähnlich effizient und logisch auf die Herausforderungen einer rauen Natur reagiert haben.

Dementsprechend eingängig ist auch seine Vorstellung, wie eine solche prähistorische Bergtour angelaufen sein könnte: „Zwei Dinge gilt es gegeneinander abzuwägen", erklärt er beim Coaching unseren beiden Probanden, „zum einen: Der Hüttenbau steht ganz oben in der Dringlichkeitsliste. Aber: So ein Hüttenbau dauert zwei bis drei Stunden!" Für Patzleiner ist es klar, dass man sich wohl den Hüttenbau nicht jeden Abend aufs Neue antat, das hätte zu viel Zeit gekostet. Für ihn ist es wahrscheinlicher, dass man ein, zwei Tage hintereinander 16 bis 20 Stunden herunterriss, sich nachts einen geschützten Platz unter einer Tanne suchte, ein Feuer machte und in seinen Fellmantel gehüllt ein paar Stunden döste, um bei Tagesanbruch weiterzuziehen, wiederum 16 bis 20 Stunden, bis zur nächsten Kurzrast. Und erst am dritten Tag wurde dann einen Gang zurückgeschaltet: Nach zehn Stunden Marsch begab man sich auf die Suche nach einem guten Lagerplatz, geschützt, in der Nähe von Wasser sowie Brenn- und Baumaterial. Jetzt, so kalkuliert Patzleiner, lohnte sich die Investition: zwei bis drei Stunden Lagerbau zu rund 50 Marschstunden – ein effizientes Verhältnis von Aufwand zu Ertrag. Diese Effizienz ließ sich sogar noch steigern, wenn man bei gutem Wetter marschierte und bei schlechtem Wetter eine Ruhephase einlegte: „Auf diese Art und Weise konnte man in nur zwei bis drei Wochen drüben sein." Und nochmals zwei bis drei Wochen später wieder zu Hause.

Italien hin und zurück im Zeitfenster eines modernen Sommerurlaubs? Allerdings mit einer Ausrüstungstechnik, die 5000 Jahre alt war. Die beiden Alpenüberquerer bekamen eine Ausstattung, die minutiös der von Ötzi nachgebildet war, zum Beispiel einen Fellmantel, Leggings aus Ziegenfell, einen Lendenschurz und Schuhe aus Gras und Leder.

In einer derartigen Schutzhütte stecken zwei bis drei Stunden Arbeit.

Kleider machen Leute

Kleider gehören zu den Dingen, die Archäologen fast nie finden. Das organische Material, aus dem sie bestehen, hat sich meist nicht bis in unsere Zeit erhalten. Nur unter besonderen Bedingungen findet man Reste der jungsteinzeitlichen Garderobe.

In den Pfahlbausiedlungen konnte im Wasser unter Luftabschluss einiges überdauern. Wir kennen beispielsweise aus Hornstaad am Bodensee einen Hut und das Fragment eines Umhanges aus Gehölzbast, die mit einem Vlies gepolstert waren. Aus dem 1000 Jahre jüngeren Pfahlbaudorf Sipplingen am Bodensee stammt eine Sandale aus Bast. In einigem Umfang pflanzten die Pfahlbauern Lein an. Aus den daraus gewonnenen Fasern stellten sie Fischernetze her, wussten aber auch schon feine Textilien zu weben. Am Ende der Jungsteinzeit hatten sich ganze Siedlungen auf Flachsanbau und Textilproduktion spezialisiert. In Alleshausen-Grundwiesen am oberschwäbischen Federsee etwa konnten im Gegensatz zu allen anderen Pfahlbausiedlungen kaum Getreidepollen oder Dreschreste in den Abfallschichten festgestellt werden. Stattdessen fanden sich Leinkapseln und Leinstängel in großer Menge. Das Dorf konnte Fasern und Textilien an andere Siedlungen liefern, war aber wohl im Tausch auf Getreide angewiesen.

Aufschlussreich: Ötzis Kleidung

Eines fehlte den Archäologen aus den Pfahlbausiedlungen völlig, da es sich im Wasser nicht erhält: Fell. Es war zu vermuten, dass in der Jungsteinzeit Kleider nicht nur aus pflanzlichen Fasern gefertigt wurden, sondern dass auch Fell und Leder Verwendung fanden. Der Nachweis gelang aber erst durch den Fund der Gletschermumie Ötzi. Seine Kleidung bestand statt aus gewebten Stoffen aus Fellen und Grasgeflecht. Zum Zusammennähen der einzelnen Fellstücke zu Kleidern wurden meist Tiersehnen verwendet, seltener mit Gräsern oder Bastschnüren gearbeitet.

Ötzi trug bei seinem Marsch durch die Berge eine warme Mütze aus Bärenfell und einen offenen Mantel aus Ziegenfell, der mit einem Gürtel zugebunden werden musste. Den Mantel besaß er schon lange: Das Stück war innen sehr schmutzig und mehrfach repariert. Die Ärmel sind nicht erhalten, vielleicht handelte es sich nur um eine Weste. Statt einer Hose trug er zwei einzelne „Strapse", getrennte Beinröhren aus Ziegenfell, die am Gürtel festgeknotet waren. Auch diese waren abgenutzt und oft repariert. Ein Lendenschurz aus Ziegenleder, der zwischen den Beinen hindurchlief, ergänzte die jungsteinzeitlichen Beinkleider. Besonders funktional gestaltet war sein Gürtel: Ein ursprünglich zwei Meter langer Kalbslederriemen mit daran befestigter Werkzeugtasche. Hierin bewahrte Ötzi seinen Zunderschwamm, eine Knochenahle und verschiedene Steingeräte auf. Seine Schuhe waren aufwändig konstruiert: Sie bestanden aus einer getrennten Sohle, einem Innen-

und einem Außenschuh. Die Schuhsohlen waren aus Bärenfell gefertigt, das er mit der weichen Haarseite nach innen trug. An dieser Sohle war mit Lederriemen ein Schuhoberteil aus Hirschleder befestigt. Innen polsterte und isolierte den Schuh eine Grasfüllung. Ötzi besaß übrigens nach den erhaltenen Fellstücken Schuhgröße 37/38.

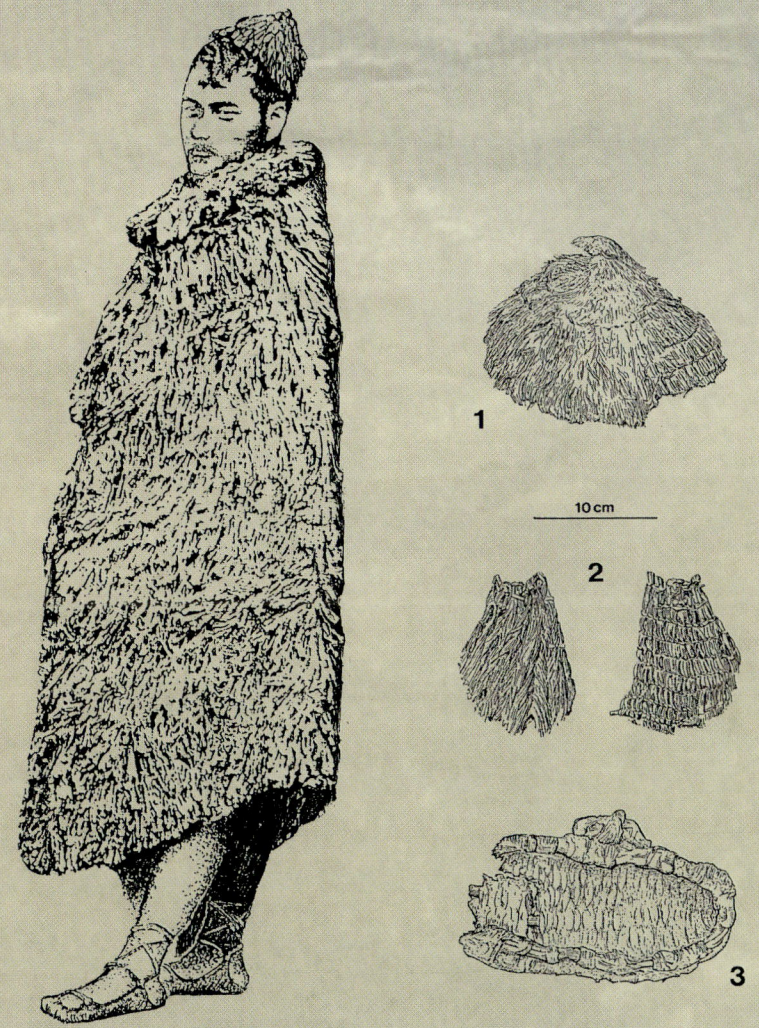

10 cm

Der Hut (1) und das Umhangfragment (2) aus Hornstaad sowie die Sandale (3) aus Sipplingen sind aus Gehölzbast hergestellt.

Die Alpentour: Durch Vorarlberg

15. August: Die erste Nacht im Freien war stürmisch, kühl und wenig erholsam gewesen: Die beiden hatten kaum geschlafen, weil sie die Sorge, dass das Feuer ausgehen könnte, ständig auf Trab hielt.

Die Nacht abhaken, marschieren, nix wie weg? Steinzeittouren hatten ein anderes Tempo, das sollten die beiden noch öfter merken. Jetzt galt es erst einmal, Frühstück zu sammeln. Geschlagene zwei Stunden wartete das Drehteam, bis die Wanderer genug Beeren gefunden und diese auch gegessen hatten.

Dann geht es los, immer am Rande der Bregenzer Ache entlang; massenhaft Jogger, Inlineskater, Radfahrer und Walker begegnen uns – Steinzeit meets moderne Freizeitindustrie.

Parallel zu Ingo und Henning starten noch zwei Männer, unsere Vergleichs-gruppe. Redaktionskollege Gerolf Karwath und sein Sohn werden dieselbe Route abwandern, nur eben mit moderner Ausrüstung, mit Übernachtung in Hütten, mit Spaghetti und Rotwein am Abend. Die beiden werden wie Ingo und Henning Aktometer tragen. Wir wollen wissen, inwieweit sich eine Tour unter

Der Rucksack der Steinzeit, allerdings wenig komfortabel: die Fellkraxe

steinzeitlichen Bedingungen von derselben Tour unter neuzeitlichen Bedingungen unterscheidet.

Der erste große Unterschied macht sich von Anfang an bemerkbar: die Schuhe. Wir machen uns Sorgen um Ingo. Er hinkt immer stärker, setzt den rechten Fuß nur noch auf dem Außenspann auf; seit zwei Tagen schon habe er Schmerzen, sagt er. Schon eine Woche zuvor, im Dorf, hatte er sich beim Barfußlaufen einen Dorn in den Fuß getreten. Die Wunde eiterte so stark, dass ein Arzt kommen musste, der den Dorn entfernte. Damals hatte Ingo seinen Fuß anschließend schonen können, aber jetzt?

Beerenfrühstück: Kein üppiges Mahl für die Wanderer Ingo und Henning

Nach ein paar Kilometern geht es einfach nicht mehr, Ingo lässt sich auf eine Wiese am Weg fallen, wir untersuchen seinen Fuß: Zwischen Fußballen und zweitem Zeh ist eine weißliche Beule zu sehen, eine Vereiterung. „Wenn ich zum Arzt gehe, dauert es vielleicht zwei Tage, bis ich wieder okay bin, wenn ich es mit Naturheilmittel mache, auch", kalkuliert er unmutig, er hat null Lust, schon jetzt an Tag zwei eine Zwangspause einzulegen.

Deshalb entscheidet er sich gegen beides und nimmt eine Anleihe beim 21. Jahrhundert: Er borgt sich eine Nähnadel, sticht die Beule auf und drückt den Eiter heraus – man sieht ihm an, wie schmerzhaft das ist. Dann noch eine Anleihe: Pflaster plus Klebeband zur Entlastung – dann quält sich Ingo weiter: „Komm, Schatz, ich helf dir", frozzelt Henning. „Danke, Schnucki", kontert Ingo.

Sie kommen an einem Kindergeburtstag vorbei, lauter kleine Indianer springen um ein bunt bemaltes Tipi herum. „Von welchem Stamm seid ihr denn?", fragt eine Mutter erstaunt und erhält die Antwort: „Vom Stamm der Ötzis."

Sammeln, bauen, improvisieren – oder: Der Steinzeitmann weiß sich zu helfen

Nach einigen Stunden Marsch, kurz vor Alberschwende: Ein Traumblick über den Bodensee, der ganz dahinten und ganz da unten liegt und einen guten Eindruck vermittelt, wie viel Strecke Henning und Ingo trotz aller freiwilligen und unfreiwilligen Pausen bereits zurückgelegt haben.

„Kräuterkunde!" Thomas nutzt die schöne Almwiese, um den beiden etwas beizubringen: Er zeigt ihnen Weißklee, „isch guat zum Erholen, wenn du erschöpft bist... Der Rotklee ist auch okay. Die Regel: Umso intensiver eine Pflanze schmeckt, desto weniger brauchst du davon!"

Dann sieht er ein kleines Pflänzchen mit gelber Blüte und gefiederten Blättern: „Blutwurz! Klasse für die Wundheilung..." Thomas gräbt die ganze Pflanze aus, spaltet die Wurzel: „Das legst du heute Abend auf deine Wunde – wie Spitzwegerich zieht das die Wunde zusammen und unterstützt die Heilung... und hier, die Brennnessel: tolle Pflanze, kann man Salat, Spinat und Schnüre draus machen. Darüber hinaus haben die Samen viel Fett, schmeckt wahnsinnig, wenn man sie röstet und dann mit Salz isst. Apropos: Wie schaut's eigentlich mit Salz aus?", fragt er.

Ingos Füßen scheint die Alpentour nicht zu bekommen.

„Schlecht, wir haben kein Gramm dabei."

„Dann sammeln wir Huflattichblätter, sobald wir welche sehen."

Anschließend schlägt er vor, so langsam an den Lagerbau zu denken: „600 Höhenmeter am ersten Tag, das reicht!"

In einem Waldstück bauen sie Lager zwei: Diesmal sind die Basismaterialien Fichtenstöcke und -reisig. Sie arbeiten still und routiniert, Thomas unterstützt sie, er sieht, dass die beiden ziemlich geschafft sind, und hilft ihnen ganz selbstverständlich. Bald steht das schräge Dach. Dann: Feuer. Dann: Schlafen.

Schon tagsüber war es ziemlich kühl geworden, man merkte die Höhe, und das Wetter verschlechterte sich. Ingo fror die ganze Nacht, „obwohl ich mir zwei Wärmsteine mit unter die Decke genommen habe".

Jetzt nieselt es, der Himmel ist wolkenverhangen, der Nebel wabert zwischen den Bäumen – unschlüssig hängen sie herum. Weitergehen oder bleiben? Wenn sie jetzt losgehen und unterwegs von lang anhaltendem Regen erwischt werden, haben sie ein Problem. Dann sind sie der Nässe schutzlos ausgeliefert, Lagerbau mit nassem Material – das geht nicht.

Also bleiben? Sie beschließen, das Lager auszubessern. Missmutig geht Henning Wasser holen: „Verdammtes Scheißwetter", schimpft er.

Er möchte einfach Strecke machen. So lange hat er sich jetzt vorbereitet, hat trainiert, hat dem Tag X entgegengefiebert und jetzt: Regen, kaputte Füße ... Mit welchen Überraschungen würden die nächsten Tage aufwarten?

Hennings Unruhe steckt Ingo an. Geschickt hält sich Thomas zurück, als die beiden darüber reden, ob sie nicht doch aufbrechen sollen. Er belehrt nicht, er fragt nur. Entscheiden sollen die beiden, und wenn die Entscheidung sich als falsch erweisen sollte, dann würden sie am meisten lernen, wenn sie die Konsequenzen tragen müssten. Das ist Thomas' Philosophie, die Ingo und Henning immer wieder zwingt, das Für und Wider konzentriert gegeneinander abzuwägen.

Sie beschließen aufzubrechen. „Was meint ihr: Sollen wir das Lager abbauen?", fragt Thomas. Die beiden kennen ihn schon so gut, dass sie wissen, dass das keine Frage ist, sondern eine Erinnerung an eine eherne Outdoor-Regel: In der Natur muss man alles so hinterlassen, wie man es angetroffen hat. Ob sich allerdings schon Steinzeitmenschen daran gehalten haben?

Unterwegs sehen sie an einem gefällten Baum schöne große Zunderschwämme – die nächste eherne Regel: Mitnehmen, was geht!

Ingo bekommt wieder Probleme. Die Lederriemen seiner schweren Fellkraxe schneiden ihm in die Schultern. Thomas reißt einen riesigen Büschel Gras aus, stopft es ihm unter die Rie-

Ein Zunderschwamm fürs nächste Feuer

men: „Jetzt nur noch fixieren ... Hat einer von euch ein Stück Schnur?" Nein, hat keiner. „Okay". Thomas geht zum nahen Waldrand und beginnt zu graben: „Ich suche dünne Fichtenwurzeln, die sind schön biegsam", erklärt er und zieht einige der weißen Geflechte aus dem Boden. Damit bindet er die Grasbüschel an den Riemen und sorgt so für eine rutschfeste Polsterung: „Oooh, das ist ja wie ein Federbett", freut sich Ingo.

Weiter geht's. Allerdings nur ein kurzes Stück. „Huflattich", meint Thomas. Sie pflücken einige dicke Sträuße, „die trocknen wir, dann verbrennen wir sie. Die

Asche ist salzhaltig und hat durchaus die Qualität von Diätsalz."

Dass sie das Kraut eigentlich als Ersatztabak nutzen wollten, fällt in diesem Moment keinem von beiden ein. Merkwürdigerweise merkte man ihnen in den ganzen vergangenen drei Wochen überhaupt nicht an, dass sie zu rauchen aufgehört hatten – die Umstellung, die viele frische Luft ließen einen Entzug wohl überhaupt nicht erst aufkommen.

Ein unverhofftes Festmahl

Ingo freut sich aufs Abendessen: Jäger haben ihm und Henning eine Gamskeule geschenkt.

Ingos Fuß schien gut zu heilen. Dafür waren seine Schuhe inzwischen in einem erbärmlichen Zustand, immer wieder war er, um sie zu schonen, barfuß gegangen. Jetzt waren sie nur noch Fetzen. Bei einer längeren Rast begann er, zwei Lederstücke, die er vorsichtshalber mitgenommen hatte, zuzuschneiden: Fußgröße plus eine Handbreit Rand drum herum. Er klappte das Leder nach oben zum Spann und zog ein dünnes Lederband durch einige Schlitze, die er in den äußersten Lederrand geschnitten hatte. Zuziehen – fertig! Das Ganze sah aus wie ein Mokassin, aber hieß das jetzt, dass er alle drei Tage neue Schuhe brauchte? Gute Güte, wenn das so weiterging!

Verletzungen hin, kippeliges Wetter her: Die beiden begannen, sich gut einzugewöhnen. Auch die Ungeduld begann langsam von ihnen abzufallen, immer besser konnten sie mit den Zeit raubenden Zwangspausen umgehen, die ihnen der Steinzeitalltag durch Lagerbau, Wetterbeobachtung oder Nahrungssuche abverlangte. Und sie begannen immer mehr, wie Steinzeitwanderer zu denken. Als sie hinter Schwarzenberg durch ein riesiges Himbeerareal im Wald kommen, da futtern sich die beiden schon ganz selbstverständlich so lange durch die rote Pracht, bis sie zum Platzen voll sind: „Wer weiß, was kommt", meint Ingo.

Doch zumindest die nahe Zukunft meint es gut mit ihnen. In Schönenbach begegnen sie zwei Jägern, die gerade eine Gams erlegt haben. Die beiden Männer sind sofort fasziniert und überschütten die beiden „Ötzis" und Thomas mit Fragen: Während Ingo seine Ötzi-Schuhe, die er im Gepäck trägt, auspackt und erklärt, demonstriert Henning seinen Bogen und Thomas erläutert, wie man in der Steinzeit das Gamsfell gegerbt hätte: „Abziehen, mit dem Feuersteinmesser ausschaben und intensiv mit dem Hirn des Tieres einreiben – das konserviert!"

Die beiden Jäger sind so begeistert, dass sie Henning und Ingo ein Stück ihrer Beute abgeben: Henning darf vom eben geschossenen Tier einen Hinterlauf abschneiden, wieder einmal erweist sich Feuerstein als messerscharf.

Doch bis zum Abendessen ist es noch ein langes Stück, ein steiler Anstieg zieht sich bis zur Schneckenlochhöhle auf 1270 Höhenmeter hinauf, eine riesige, zweieinhalb Kilometer lange Karsthöhle, die längste Vorarlbergs. Den Höhleneingang bildet ein gewaltiges Portal, dahinter öffnet sich die große Eingangshalle – eigentlich wie geschaffen für eine Übernachtung. Doch den beiden ist die Höhle zu eisig, sie finden einen wunderschönen Platz ganz in der Nähe, vor einer riesigen, senkrecht aufragenden Felswand, mit einem fantastischen Alpen-

Zur Abwechslung einmal kein Pemmikan, sondern ein leckerer Gamskeulenbraten

panorama vor untergehender Sonne. Bald brennt ein Feuer und die in Huflattichasche gewälzte Gamskeule schmurgelt und duftet verführerisch ... War da nicht was gewesen, damals beim Coaching?

Orientierung:
Wie fand man sich damals zurecht?

Woher wussten eigentlich Alpengeher vor 5000 Jahren, wo sie gerade waren beziehungsweise wohin sie gehen mussten? Welche Routen wählten sie?

Zunächst einmal: Sie benutzten vermutlich die Pfade derer, die, seit Tausenden von Jahren, vor ihnen diese Routen gegangen waren. Diese so genannten „alten Wege" folgten einem ganz einfachen Prinzip, vermuten Archäologen wie der Innsbrucker Walter Leitner: „Oben bleiben, Täler meiden!" Die Strategie verwundert zunächst: Ständig auf und ab, statt unten immer schön am Bach lang, wie man es wohl heute machen würde. Heute. Damals aber nicht: Die Täler waren gänzlich ungerodet, eine zugewucherte Wildnis, die von sumpfigen Wasserläufen, die sehr schnell zu reißenden Achen werden konnten, durchzogen waren. Man kam nicht nur mühsam vorwärts, man konnte auch nicht sehen, wohin es ging, und holte sich darüber hinaus noch nasse Füße – drei gute

Wie tief ist der Wasserlauf, wie ist der Grund beschaffen? Das Queren des Flusses birgt Risiken.

Gründe, nach oben auszuweichen. Dort, oberhalb der Baumgrenze, konnte man ungehindert gehen, hatte freie Sicht und wenn es regnete, sammelte sich das Wasser nicht, sondern lief gleich den Berg hinunter.

Die wichtigste Regel einer Alpen-überquerungsstrategie könnte somit gelautet haben: So wenig wie möglich Wasserläufe überqueren – die bekannten Furten dürften sich schnell herumgesprochen haben und zu viel begangenen Nadelöhren geworden sein.

Ohne Kompass und Karte durch die Berge

Doch wie kam man in der völlig unübersichtlichen Häufung von Bergen, Tälern, Pässen, Jochen und Scharten zurecht? Wie haben sich die jungsteinzeitlichen Wanderer im Gelände orientiert? Das Wort selbst – also Orientierung – bietet schon einen ersten

Vielleicht dienten Kreisgrabenanlagen wie in Goseck (Sachsen-Anhalt) der Himmelsbeobachtung.

Hinweis: die Suche nach dem Orient, dem Morgenland, also der Richtung, in der die Sonne aufgeht – eine Information, die man immerhin einmal täglich frei Haus bekam. Dann musste man nur noch in dem Gewimmel von Bergen, Matten, Halden, Scharten die richtigen herausfinden, diejenigen, die die beabsichtigte Route flankierten und damit markierten. Und wie schafften unsere Vorfahren das, so ganz ohne Kompass und Karte?

Nun: Sie waren Naturmenschen und in der Deutung von Sonne und Sternenhimmel sicher großartig. Es gibt zum Beispiel die so genannten Kreisgrabenanlagen, wie sie in Goseck in Sachsen-Anhalt oder im niederbayerischen Meisternthal untersucht werden. Vielfache Deutungsversuche gibt es, eine Theorie aber besagt: Von hier aus wurden der Himmel und die Sonne beobachtet.

Einmal angenommen, das stimmt, dann stehen wir vor einer weiteren Frage: Diese gewaltigen Anlagen wurden nämlich bereits 2000 Jahre vor der Alpenüberquerung unserer beiden errichtet – kann man denn davon ausgehen, dass dieses Wissen immer noch in der Welt war beziehungsweise überhaupt den Weg vom Norden an den Alpenrand gefunden hatte? Ja! Nein! Man weiß es einfach nicht! Aber vorstellbar wäre es schon.

Vielleicht orientierten sich die Wanderer der Steinzeit an Schalensteinen wie diesem am Vischgauer Sonnenberg in Südtirol.

Darüber hinaus wäre es nachvollziehbar, dass „Alpen-Greenhorns" nur in Begleitung älterer, wegerfahrener Männer wanderten; damit wäre immer einer dabei gewesen, der sich auskannte. Das Wissen um eine bestimmte Route könnte so jeweils von der Vater- an die Sohngeneration weitergegeben worden sein.

Und dann halfen da ja vielleicht auch noch die mysteriösen „Schalensteine". Das sind Felsen oder Steine, die künstliche Vertiefungen in Form meist kreisrunder, selten ovaler Schalen aufweisen. Diese Vertiefungen sind so exakt gearbeitet, dass sie meist leicht von natürlichen Erosionsformen zu unterscheiden sind. Schalensteine reichen weit in die Steinzeit zurück, man findet sie in ganz Europa, in Nord- und Südamerika, China, Südostasien, Afrika, Ozeanien und selbst im Himalaja. Auch die Alpen sind voll davon. Doch keiner weiß bislang, welchem Zweck sie dienten: Waren sie Kultstätten? Waren sie, ganz profan, ortsfeste Schüsseln zum Mahlen von Nüssen und Körnern? Oder waren sie vielleicht Wegmarkierungen, die Ötzi und Konsorten von A nach B geholfen haben? Eine Art prähistorische „Alpenvereinsmarkierung"?

Blick in die Erde – Geophysikalische Prospektionsmethoden

Heutzutage werden immer häufiger vor einem Bauvorhaben oder einer Ausgrabung geophysikalische Prospektionsmethoden eingesetzt. Oft spart dies Arbeit und Geld. Denn mithilfe solcher Messungen können Geophysiker einen Blick unter die Erdoberfläche werfen, ohne auch nur einen Spatenstich auszuführen. Dazu nutzen sie die Tatsache, dass die vorgeschichtlichen Eingriffe in den Boden dessen physikalische Eigenschaften verändert haben.

Detailreiche Messbilder

Die Geomagnetik misst das Erdmagnetfeld, um sich ein Bild von den archäologischen Befunden unter der Oberfläche zu machen. Verfüllte Gruben, Öfen, aber auch Mauern aus luftgetrockneten Lehmziegeln verursachen Störungen des Erdmagnetfeldes, die sich im Messbild deutlich von der Umgebung absetzen. Daher sind die jungsteinzeitlichen Kreisgrabenanlagen in geomagnetischen Messungen besonders gut zu erkennen.

Eingriffe in den Untergrund verändern darüber hinaus seine elektrische Leitfähigkeit. Dies macht sich wiederum die Geoelektrik zunutze: Sie misst den Widerstand im Boden. Die Leitfähigkeit des Erdreichs hängt vor allem von seinem Feuchtigkeits- und Elektrolytgehalt ab. Beide Werte sind meist in eingetieften Strukturen wie Gräben und Gruben höher als im ungestörten Boden. Trockene Steinmauern dagegen leiten den Strom schlecht und zeigen erhöhte Widerstandswerte. Deshalb zeichnen sich die Mauerreste römischer Villen oft derart deutlich und detailreich auf den Messbildern ab, dass ihr Bauplan und auch die Funktion einzelner Räume schon ohne Ausgrabung erkennbar sind.

Als dritte geophysikalische Methode haben sich in den letzten Jahren Georadarmessungen etabliert. Hierbei sendet eine Antenne elektromagnetische Wellen in den Untergrund. Von den unter der Erde verborgenen Strukturen werden sie unterschiedlich reflektiert. Anhand der verschiedenen gemessenen Wellenlaufzeiten können Geophysiker Rückschlüsse auf die Befunde im Boden ziehen.

Störungen des Magnetfelds wie bei dem Rondell von Puch zeichnen sich im geomagnetischen Messbild deutlich ab.

Sonne, Mond und Sterne

Die Menschen der Jungsteinzeit kannten sich am Himmel aus. Dafür sprechen unter anderem die zu Beginn der Jungsteinzeit regelhaft nordwest-südost-ausgerichteten Häuser der ersten Bauern. Auch Bestattungen, die im Verlauf der Jungsteinzeit in wechselnder, doch für einzelne Kulturen spezifischer Orientierung angelegt wurden, sind ein Beweis.

In dieser Diskussion werden auch immer wieder kreisförmige Grabenwerke angeführt, welche die Menschen im Gebiet der Slowakei, Tschechiens, Niederösterreichs, Mittel-deutschlands und Niederbayerns in der ersten Hälfte des 5. Jahrtausends v. Chr. errichteten. Gräben von mehreren Metern Tiefe wurden mit viel Aufwand ausgehoben, bisweilen mehrere Grabenkreise umeinander gelegt. Einige Erdbrücken ließen den Zugang in das Innere offen. Die Bauwerke konnten einen Durchmesser von weit mehr als 100 Meter erreichen, die Bauarbeiten dauerten mehrere Monate. Gerätselt wird noch über den Sinn und Zweck der aufwändigen Anlagen. Aus dem Inneren der Rondelle sind kaum Befunde bekannt, die eine Aussage über ihre Funktion zuließen. Als wehrhafter Zufluchtsort liegen sie zu ungünstig im Gelände, für einen Viehkral sind sie zu aufwändig gestaltet. Bisweilen sprechen makabre Funde für Opferrituale, die im Inneren stattfanden.

Kreisgrabenanlagen – ausgefeilte Kalenderbauten?

Seit den frühen 1980er-Jahren untersuchte Helmut Becker vom Bayerischen Landesamt für Denkmalpflege die Rondelle in Niederbayern mittels Geomagnetik. Aufgrund seiner Messungen hat er spezielle Überlegungen zu ihrer Funktion angestellt. Sein liebstes Kind dazu ist die Anlage von Meisternthal-Landau. Sie hat die Form einer perfekten Ellipse und ihre Tore markieren derart exakt den Sonnenauf- und -untergang an den Tag- und Nachtgleichen im Frühjahr und Herbst, dass es kaum noch Zufall sein kann. Auch die Sonnenwendtage wurden Becker zufolge in dem Rondell fixiert. Er ist überzeugt, dass in diesem Bauwerk die Zeit festgehalten werden sollte.

Die anderen Kreisgrabenanlagen Niederbayerns sind keine so ausgefeilten Kalenderbauten. Sie kennzeichnen meist nur die Sonnenwendtage. Alle aber scheinen nach astronomischen Orientierungen auf die Sonne ausgerichtet zu sein. Dieser Überzeu-

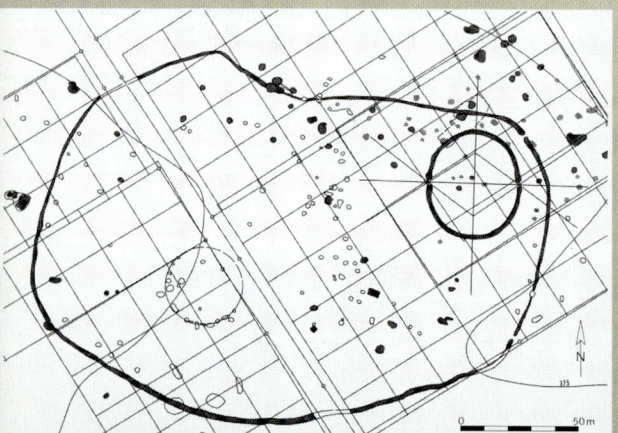

Möglicherweise ein Kalenderbau – die Anlage von Meisternthal

gung sind inzwischen auch Forscher in anderen Regionen, obwohl es im Detail große Unterschiede darin gibt, was und wie die Erbauer es beobachten konnten. Im sachsen-anhaltinischen Goseck musste nicht durch die Mitte der Torgasse, sondern an deren rechtem Rand entlanggepeilt werden, um die Sonne zur Zeit der Sommer- beziehungsweise Wintersonnwende zu verfolgen. In Meisternthal und anderen Anlagen soll auch der Schattenwurf der Tore zu Zeitbestimmungen genutzt worden sein. Im ebenfalls niederbayerischen Unternberg-Künzing musste man gar einen Standpunkt einnehmen, der außerhalb des Innenkreises lag, wollte man den Sonnenaufgang zur Wintersonnenwende beobachten.

Eine Besonderheit ergaben astronomische Berechnungen für ein Rondell im niederösterreichischen Immendorf. Die Anlage ist nicht auf markante Ereignisse im Sonnenjahr ausgerichtet. Stattdessen können hier durch die Eingänge besonders helle Sterne beobachtet werden. Durch das Tor im Westen sieht man den Untergang des Sterns Antares, im Osten den Aufgang der Plejaden, im Norden den Aufgang des Deneb und im Süden den Untergang des Sterns Rigel im Orion.

Skeptische Stimmen

Die Deutung als Sonnen- oder Sternentempel ist aber nicht für alle Rondelle gleichermaßen plausibel und überzeugend. Es gibt Forscher, die einer regelhaften astronomischen Ausrichtung der Kreisgrabenanlagen skeptisch gegenüberstehen. Harald Stäuble vom Landesamt für Archäologie in Sachsen hat die Orientierung der Tore sämtlicher Grabenwerke dieser Zeit zusammengetragen und festgestellt, dass darunter beinahe alle Himmelsrichtungen vertreten sind. Seine Schlussfolgerung ist, dass man fast jeden Tag im Jahr die Sonne irgendwo beobachten konnte. Sollten alle Anlagen jedoch stets einem bestimmten Zweck gedient haben – etwa das oft zitierte Bestimmen des besten Zeitpunktes zur Aussaat –, so würde man mehr Einheitlichkeit in der Ausrichtung der Tore erwarten. Gerade die große Variabilität in Form, Toranzahl und Orientierung spricht gegen einen einzigen Sinn der Kreise.

Daher plädieren auch die Befürworter astronomischer Ausrichtungen dafür, dass die Kreisgrabenanlagen mehr als nur einem Zweck dienten. Die Bestimmung wichtiger Daten im Jahresablauf war möglicherweise nur eine unter vielen Funktionen. Vielleicht kamen dazu ganz profane gesellschaftliche oder politische Versammlungen, die in diesem Raum abgehalten werden konnten. Oder die jungsteinzeitlichen Menschen nutzten sie als Umschlagplatz für den Warenhandel. Kreisgrabenanlagen sind wie Marktplätze im Mittelalter multifunktional vorstellbar: Auch dort reichte das Nutzungsspektrum von Zirkusvorführungen bis zu Hinrichtungen.

Aus der Vogelperspektive – Luftbildarchäologie

Die Ausgrabungen der Universität Halle in der Kreisgrabenanlage von Goseck sind ein positiver Einzelfall. Kaum eines der riesigen Erdwerke haben Archäologen wie hier vollständig ausgegraben, wenige in Ausschnitten freigelegt. Denn großflächige Ausgrabungen, mit denen die Anlagen sachgerecht untersucht werden könnten, sind teuer, oft zu teuer. Die Mehrzahl wurde daher mithilfe archäologischer Prospektionsmethoden erfasst, die nicht in den Boden eingreifen müssen, um zu baulichen Informationen zu gelangen. Die Luftbildarchäologie gehört zu diesen Methoden.

Verborgenes wird sichtbar

Obwohl die meisten archäologischen Denkmäler vom Pflug völlig eingeebnet wurden und nur noch unterirdisch erhalten geblieben sind, können Spezialisten die Auswirkungen der Befunde im Boden oberirdisch wahrnehmen. Die Abfallgruben vergangener Siedlungen, die Grubenhäuser und Brunnen sind oft noch als dunklere Bereiche im Ackerboden zu erkennen. Aus der Luft gesehen heben sich dagegen alte Aufschüttungen wie Grabhügel oder die Steinfundamente einer römischen „villa rustica" als hellere Bodenmerkmale von dem Ackerumfeld ab.

Nicht nur freier Ackerboden kann Geheimnisse über verborgene Denkmäler preisgeben, sondern auch ein Getreidefeld. Im Bewuchs spiegeln sich mitunter die Zustände des Untergrundes. Eine ausgehobene Grube oder ein Graben ist mit einer tieferen Schicht Humus verfüllt als die umgebende Region. Dadurch ist die Füllung feuchter und das Getreide, das über ihr wächst, gedeiht besser. Es wächst höher als die umliegenden Gräser und reift durch die üppigere Versorgung mit Wasser später. Ein Graben kann sich daher vom Flugzeug aus gesehen als grüner Streifen in einem sonst gelben Feld abzeichnen. Ein negatives Bewuchsmerkmal entsteht dagegen, wenn Getreide beispielsweise über dem Rest einer Mauer aus Steinen wurzeln muss. Es gedeiht durch die spärlichere Wasserversorgung schlechter als die umliegenden Ähren; ein gelbes Band im grünen Feld kann die Folge sein.

Zur rechten Zeit am rechten Ort

Bewuchs- wie Bodenmerkmale können aus der Luft, aus dem Flugzeug heraus, besonders gut erkannt und fotografiert werden. Wichtig ist die Jahres- oder Tageszeit, zu der beflogen wird. Oft sind die Merkmale nur kurze Zeit zu sehen. Das schräge Licht bei Sonnenaufgang etwa lässt durch Schlagschatten auch schwächere Erhebungen sichtbar werden. Eine dünne Schneedecke verstärkt den Effekt noch. Der Luftbildarchäologe muss zur rechten Zeit am rechten Ort sein.

Ab 1960 wurde die Luftbildarchäologie zuerst im Rheinland eingesetzt, dann in Bayern und in den anderen alten Bundesländern. Durch die systematischen Befliegungen stieg die Zahl der bekannten archäologischen Fundstellen sprunghaft an. Allein in Bayern entdeckte Otto Braasch, einer der Pioniere dieser Prospektionsmethode, an die 30 000 neue Fundstellen. Seit der Wende darf Luftbildarchäologie auch in Mittel- und Ostdeutschland betrieben werden. Waren vorher kaum Kreisgrabenanlagen in diesen Gegenden bekannt, änderte sich das jetzt: Die Zahl stieg sprunghaft an.

Über einem Graben gedeihen die Pflanzen wegen der höheren Feuchtigkeit des Bodens besser.

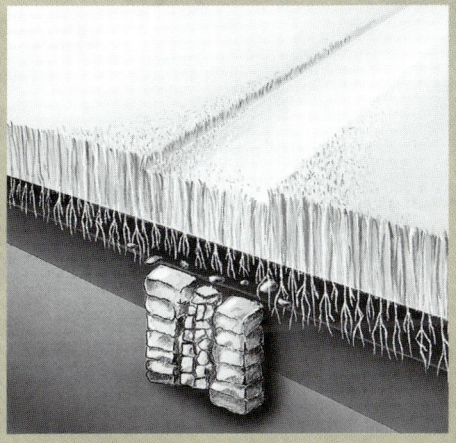

Pflanzen, die über einer unterirdischen Mauer wachsen, zeigen sich im Luftbild als gelbes Band.

Die Alpentour:
Von Vorarlberg bis ins Kleinwalsertal

19. August, Kalbelesgüntlealpe in Vorarlberg.

„Was stinkt hier eigentlich so?", fragt Thomas Patzleiner. „Ich glaube, das ist unser Trinkbeutel", meint Ingo. Genauer wäre: unser einziger Trinkbeutel.

Ingo bringt es ziemlich genau auf den Punkt: „Der stinkt wie ein totes Tier!" Aus der gegerbten Schweinsblase, die in einer Lederhülle steckt, kommt ein Geruch von Verwesung, außerdem ist das Mundstück angeschimmelt. Eigentlich ist das im Coaching gesagt worden: „Die Blase muss zweimal täglich ausgewaschen werden, das Außenleder muss immer getrocknet werden." So viel Umstände aber auch!

„Weil wir immer so viel frisches Wasser aus Bächen und Quellen hatten, haben wir nicht auf den Wassersack geachtet."

Nun stehen Ingo und Henning schon seit einer Viertelstunde an einer Viehtränke und versuchen, ihn auszuwaschen: „Besser, stinkt aber immer noch." Nach weiteren zehn Minuten

Die Alpenwanderer erwartet auf der heutigen Etappe eine Felsenwüste.

beginnen sie zu begreifen, dass ihr einziges Wasservorratsgefäß den Weg alles Irdischen gegangen ist: Es hat sich teilweise zersetzt, jetzt noch daraus zu trinken, wäre ein nicht kalkulierbares Gesundheitsrisiko. Und das an diesem ersten richtig heißen Tag. Und vor der längsten Etappe ihrer bisherigen Tour. Und die nicht irgendwo langführt, sondern über den Gottesacker, einem Gebirgszug, der in den Alpen einmalig ist. Der Gottesacker ist eine Landschaft, wie man sie in den Küstengebirgen Kroatiens findet; wer noch nicht dort war, kennt sie aus den Winnetoufilmen der Sechzigerjahre, die dort gedreht wurden: Ein wasserloses Karstgebirge, blanker Fels, zerklüftet mit tiefen Spalten und scharfen Kanten – wehe, wenn man hier stürzt, sich den Fuß übertritt oder einklemmt – höchste Konzentration ist angesagt, die Augen sind fest auf den Boden gerichtet, jeder Schritt muss genau gesetzt sein. Und die Sonne brennt dabei gnadenlos auf die baumlose Hochfläche, die kein Ende nehmen will und sich Kilometer um Kilometer hinzieht. Jeder normale Bergwanderer ist da nach zwei Stunden fix und fertig. Aber Ingo und Henning waren keine normalen Bergwanderer: Sie hatten Lederlappen an den Füßen. Und nichts zu trinken.

Das zehrt an den Nerven. Ingo will schließlich Hilfe vom Team akzeptieren. Er ist bereit, die Wasserflasche zu nehmen, die der Regisseur der Alpentour, Harold Woetzel, ihm anbietet. Henning ist dagegen, er will noch weitergehen, irgendwo weiter hinten, so hat er gehört, gibt es den Jägerbrunnen. Ingo ist aber so ausgedörrt, dass er keinen Meter mehr gehen will: „Ich will jetzt trinken! Dann feuert ihr mich eben!"

Damit hatte nun wirklich keiner gerechnet: dass Wassermangel ein ernst zu nehmendes Problem auf dieser Alpentour werden könnte. Die Berge, so denkt man, sind doch voller Quellen und sprudelnder Bäche.

Kürzen wir's ab: Wir mussten den beiden in den nächsten Tagen mit unseren modernen Trinkflaschen aushelfen, so lange, bis wir eine neue Trinkblase organisiert hatten. Was gar nicht so einfach war, weil Trinkblasen aus Harnblasen von Schweinen gemacht werden. Und die gibt es entweder bei selbst schlachtenden Metzgern, aber eben nur am Schlachttag, oder bei größeren Schlachthöfen, die weit weg von unserer Route lagen.

Steinzeitlich selber machen war leider unmöglich, zumindest, was die Beschaffung anging. Dazu hätten die beiden jagen müssen. Das war aber streng verboten, mit Pfeil und Bogen gleich doppelt und dreifach.

Die beiden Männer sind mit steinzeitlichen Schuhen aus Lederlappen ausgestattet.

Ein wilder Unterschlupf: Schneiderküren, das Jägerlager aus der Mittelsteinzeit

Irgendwie hatten sie es dann aber doch geschafft. Müde und frustriert erreichten die beiden nach einem langen, kräftezehrenden Tag, der sie bis auf fast 1900 Meter brachte, den östlichen Rand des Gottesackers, wo er steil ins Kleinwalsertal abfällt. Oben, praktisch an der Kante, finden die beiden ein „gemachtes Nest": Schneiderküren, ein mesolithischer Fundort, ist ein Jägerlager aus der

Grau in grau und steinig: ein Terrain, das die Wanderer viel Kraft kostet

Mittelsteinzeit, also noch einige Jahrtausende vor Ötzi. Es wurde hier den archäologischen Grabungsergebnissen entsprechend rekonstruiert.

Schneiderküren hat eine ganz besondere Ausstrahlung: Unter einem überhängenden Felsen befindet sich eine regensichere Fläche mit einer Feuerstelle, nach vorne schützen Stangen und Reisig das Lager gegen Wind, ein kleiner Tümpel ganz in der Nähe liefert Wasser, der nahe Waldrand Brennholz und Zweige für die „Tannenfederkernmatratze" – eine wunderschöne, wilde Stelle an der Grenze zwischen Wald und Karst. Man glaubt, an diesem Ort zu begreifen, dass die Menschen vor Tausenden von Jahren die Natur vielleicht doch nicht nur als Rohstofflieferanten gesehen haben, sondern dass sie durchaus einen Sinn für die Schönheit eines Rastplatzes entwickelt hatten. So sieht es auch Detlef Willand, der zu uns stößt. Willand, 71 Jahre alt und kurz Det genannt, ist ein Künstler aus dem Kleinwalsertal, der außergewöhnliche Holzschnitte macht und sich darüber hinaus brennend für alles interessiert, was mit Vor- und Frühgeschichte zu tun hat. „Dieser Ort war immer einer meiner Lieblingsplätze, unerklärlicherweise fühlte ich mich hier immer besonders wohl und unbeschwert. Und ich dachte mir: Das müssen die Menschen früher doch auch vielleicht so empfunden haben." Und so begann der Hobbyarchäologe, den Platz unter dem Felsen zu untersuchen. Als er einige Feuersteinabschläge fand, war für ihn klar: Hier lebten schon vor mehreren Jahrtausenden Menschen. Willand informierte das Institut für Archäologien in Innsbruck, Professor Walter Leitner. Und tatsächlich: Erste Probegrabungen waren erfolgreich; am Ende fand man hier rund 7000 Fundstücke und drei Feuerstellen, sowohl aus der Mittelsteinzeit als auch aus der Jungsteinzeit. Die Fundstücke ergaben, dass die Mesolithiker diesen Ort als Jägerlager benutzten, wo sie ihre Beute, meist Hirsche, verarbeiteten; die Neolithiker dagegen nutzten diese natürliche Schutzhütte als Hirtenlager, während ihre Schafherden die karstige Hochfläche nach Gräsern und Kräutern absuchten.

„Alles wurde originalgetreu wiederhergestellt", erzählt Det Willand, „sogar die Pfosten stecken in den alten Pfostenlöchern."

Blasen, Regen, Kälte – und eine rettende Idee

Am nächsten Morgen ist alles wolkenverhangen. Es regnet Bindfäden. Ingo nutzt die neuerliche Zwangspause, um sich um seine geschundenen Füße zu kümmern: Sie sehen Mitleid erregend aus, Dreck mischt sich mit frischen und alten Wunden, frischen und alten Blasen. „Normalerweise müsstest du jetzt drei

oder mehr Tage pausieren, Kräuterumschläge machen, immer wieder die Füße massieren und der andere müsste so lange jagen und sammeln gehen", meint Thomas. Was folgt, ist die nach der Wasserflasche zweite Anleihe bei der Moderne: Ingo bekommt ein Blasenpflaster, das sich mit der Wunde verbindet und ihr so auch einen wirkungsvollen Druckschutz bietet. Naturheilmittel können hier einfach nicht mithalten.

Henning schaut zum Himmel, der jetzt erstmals zwischen den tiefen, jagenden Wolkenfetzen zu erkennen ist: „Scheint ja besser zu werden" – ein Irrtum. Mitten im steilen Abstieg ins

Bei Schnürlregen sprinten Ingo und Henning von einer schützenden Fichte zur nächsten.

Kleinwalsertal erwischt die beiden die nächste Schnürlregenfront und prägt einen neuen Begriff: „Fichtenhopping". Ingo meint damit den schnellen Spurt von einer zu der nächsten schützenden Fichte, wo man Luft holt und zum nächsten Sprint ansetzt. Doch bald zeigt die Strategie ihre Grenzen: Die beiden sind – Hopping hin, Hopping her – ziemlich durchnässt. Nun sitzen sie schweigsam unter einer großen Tanne. „Scheißwetter!" Jetzt ist Geduld gefragt. Schwierig, wenn die Kleider nass sind, der Wind zunimmt und die Temperaturen empfindlich zu sinken beginnen.

Nichts ist wichtiger nach einem nassen, kalten Tag im Gebirge als ein wärmendes Feuer.

Die beiden beginnen, mehr und mehr zu frieren. Was jetzt? Weitergehen bis ins Tal und riskieren, dass auch wirklich jedes Ausrüstungsteil vor Nässe trieft? Oder hierbleiben und warten? Aber auf was? Der Regen scheint nicht aufzuhören. Und der Bergführer beginnt, sich ernsthaft Sorgen zu machen: „Wenn die hier so nass die kalte Nacht verbringen, wird's kritisch ..."

Dann handelt Ingo. Er reißt dürre Äste an den Stämmen der Bäume ab, dort sind sie zumindest nicht klitschnass; er macht einen kleinen Haufen, legt Zunder drauf, holt Feuerstein und Pyrit aus der Kraxe und beginnt zu schlagen. Jochen Schmoll, ein erfahrener Bergkameramann, der schon vieles erlebt hat bis hin zum Everest, wird noch lange von diesem Moment erzählen. Das ganze Team spürt, dass es hier ernst wird. Ingo hat sicher schon einige Feuer hingekriegt, doch das hier ist sein bislang wichtigstes.

Dann, als die ersten Flammen aus dem dürren Reisig züngeln, geht ein Aufatmen durch die ganze Gruppe. „Alles Negative war schlagartig wie weggeblasen", erinnert sich Jochen, „und alle standen um das Feuer und genossen diese gewaltige Wärmequelle vor uns." Ingo fasst es anders zusammen: „Mit Feuer ist man sofort zu Hause."

Das älteste Feuerzeug

Schon die Frühmenschen wussten das Feuer zu nutzen. Die Flammen boten Schutz gegen Raubtiere und bereicherten die Möglichkeiten der Nahrungszubereitung. Besonders das erjagte Fleisch war gegart leichter zu kauen und auch verträglicher für den Menschen. Denn durch den übermäßigen Verzehr von rohem Fleisch kann es zu Vergiftungserscheinungen aufgrund erhöhter Zufuhr von Vitamin A kommen. Veränderungen, die auf eine solche Hypervitaminose schließen lassen, konnten bereits an 1,5 Millionen Jahre alten Knochen von menschenähnlichen Wesen aus Koobi Fora in Kenia festgestellt werden.

Die Nutzung des Feuers ist seit der Zeit des Homo erectus durch Funde von Feuerstellen bewiesen. Diese Menschenart ging als erste aus Afrika fort und besiedelte vor mindestens 1,5 Millionen Jahren Europa. Sicher erleichterte das wärmende Feuer Homo erectus das Verlassen der warmen Klimazonen. Eine ungeklärte Frage für Archäologen ist aber, ob die frühen Menschen ihr Feuer an natürlich entstandenen Flammen anzündeten oder es bereits selbst entfachen konnten. Angenommen wird diese Fähigkeit bereits für den auf Homo erectus folgenden Neandertaler. Nachgewiesen ist das Feuermachen jedoch erst für Homo sapiens, den modernen Menschen, am Ende der Altsteinzeit.

Schwefelkies, Feuerstein und Zunder

Der älteste bekannte Beweis hierfür ist 32 000 Jahre alt und stammt aus der Vogelherdhöhle auf der Schwäbischen Alb. Es handelt sich um eine Knolle von Schwefelkies, die Schlagspuren aufweist. Sie war Teil eines Feuerzeuges, zu dessen Vollständigkeit noch ein Feuerschlagstein und Zunder gehört. Schlägt man den Feuerschlagstein (meist ein Feuerstein) und die eisenhaltige Schwefelkiesknolle (Pyrit) aneinander, so entstehen Funken, die einen Bausch Zunderschwamm zum Glimmen bringen können. Daraus kann mithilfe von leicht entzündlichem Material schnell ein Feuerchen

Zunderschwamm, der an Birken und Buchen wächst, wird fürs Feuerschlagen vorbereitet.

angeblasen werden. Bis zum Ende der Jungsteinzeit blieb die Zusammensetzung des Feuerzeuges fast unverändert Auch Ötzi machte noch auf diese Weise Feuer: Er hatte einen Zunderschwamm im Gepäck, auf dem sich feine Pyritspuren fanden.

Der Alltag

Die Sippe improvisiert und wird kreativ

Etwa drei Wochen nach ihrem Einzug in das neolithische Dorf werden sich die elf Steinzeitmenschen der Moderne eingelebt und mit ihrer Situation arrangiert haben. Auch die beiden Alpenüberquerer bewältigen ihre Aufgabe immer besser. Doch bis es so weit ist, ziehen einige emotionale Gewitter auf.

Machtprobe im Dorf

Sieben Tage waren nun Ingo und Henning schon weg. Gleich nach ihrem Abmarsch hatte Martin Burberg angekündigt: „Nachdem jetzt zwei Arbeitskräfte fehlen, müssen die Kinder mehr mitmachen, Holz sammeln zum Beispiel, nicht den ganzen Tag knechten, aber stundenweise müssen sie jetzt ran."

Doch so einfach ist das nicht. Statt zu helfen, spielen die Kinder lieber auf ihrer Insel, die mit einem kleinen Floß mit dem „Festland" verbunden ist, ein zauberhafter Ort mit kleinem Baumhaus, so wie er sonst nur in Fantasygeschichten vorkommt. Die Eltern versuchen es mit Geduld und Drohungen, vergeblich: Die Kids bauen lieber Waldlager, fertigen Froschkäfige oder Steinzeitmesser an. Sophia ist das irgendwann einmal zu viel des vergeblichen Redens: „Wenn man droht, muss man es auch wahr machen, sonst nutzt das nix", grantelt sie beim Ernten vor sich hin.

Ja, die Ernte! Nach wie vor eines der Topthemen im Dorf. Und auch der Topaufreger. Anstatt – wie alle Fachleute um die Protagonisten herum raten – ein-

Natürlich spielen die Kinder lieber auf ihrer schönen Insel, als die Erwachsenen zu unterstützen.

Der Regisseur hat fremde „Erntehelfer" engagiert und provoziert damit die Protagonisten.

mal drei, vier Tage richtig ranzuklotzen, tröpfelt das Ernten so vor sich hin. Oft sind es Sophia und Claudia, die aufs Feld gehen, seltener die anderen.

Ein experimentierfreudiger Regisseur und unerwünschte „Erntehelfer"

Als am 17. August zum ersten Mal nach langer Zeit der Himmel zu einem strahlend schönen Sommertag aufreißt, kommt überhaupt keiner aufs Feld. Sie alle hätten nach den harten ersten Wochen einen Erholungstag gebraucht und mal richtig Sonne getankt, erklärt Britta später. Menschlich sei das völlig nachvollziehbar und verständlich, meinte Regisseur Martin Buchholz, aber leider völlig unsteinzeitlich. Und außerdem war er auch des tagelangen Argumentierens und Gegenargumentierens leid: Warum und wie man am besten und vor allem sofort ernten sollte contra warum, weshalb und wieso jetzt gerade nicht – dieser Worte waren genug gewechselt, fand Buchholz und er beschloss, einen medialen Erstschlag zu führen. Er bat drei Leute aus dem Umfeld der Fuchsenlohe auf das Feld, gab ihnen drei große Körbe, drei Sensen und den Auftrag: „Füllt diese Körbe so schnell, wie ihr könnt." Achtzehn Minuten später war die Arbeit getan. „Ich wollte nur mal wissen, ob und wie schnell das Ernten geht, wenn man es einfach nur entschlossen angeht", erklärte Buchholz sein Vorgehen.

Die Wirkung dieses scheinbar harmlosen Arbeitsexempels war überraschend durchschlagend und explosiv: Britta, die zufällig des Weges kam, registrierte die Aktivitäten auf „ihrem" Feld mit Erstaunen und berichtete natürlich gleich im Dorf davon. Martin Burberg erkannte sofort, was Buchholz da gemacht hatte: Er nahm ihm, Martin, seine Begründungen für den verhaltenen Ernteeinsatz nicht mehr unhinterfragt ab, sondern versuchte, sie in Bild und Ton zu widerlegen. Für die Sippe war das eine Kampfansage.

Und deshalb knallte es auch. Am nächsten Tag zieht Martin vor der Tagebuchkamera, die 50 Meter vom Dorf entfernt in einer provisorischen Holzhütte aufgebaut ist, so richtig vom Leder, wissend, dass die Aufnahmekassette jeden Abend vom Team geholt und angesehen wird.

In einer emotional aufgeladenen dreiviertelstündigen Abrechnung wirft er uns vor, dass wir ihn und die Sippe vorgeführt hätten – es reicht ihm. Er kann auch anders. Zornig breitet er seinen Forderungskatalog aus: Er verlangt entspelztes Getreide, Handtücher für die ewig feuchten und deshalb pilzverseuchten Füße aller, er möchte Stoffe für warme Kleidung, Leder für neue Schuhe, Linsen und Haselnüsse … Sonst? Eine Konsequenz bei Nichterfüllung bleibt unausgesprochen, hängt aber deutlich in der Luft: Noch nie war die Sippe so nahe dran, alles hinzuwerfen wie in dieser Phase des Projekts.

Jetzt war Freitagnachmittag. Und es war ein drehfreies Wochenende vereinbart worden, endlich mal Zeit für das Team, nach Hause zu fahren und sich auszuschlafen, endlich mal zwei Tage ohne Kameras für die Sippe. Aber wo würde sich die aufgeladene Stimmung im Dorf hinentwickeln? War es richtig oder falsch, in diesen wichtigen Tagen keinerlei Einfluss auf den Meinungsbildungsprozess der Sippe zu haben?

Ziemlich ratlos packte das Team um Martin Buchholz die Koffer.

Die Alpentour:
Vom Kleinwalsertal zum Lechtal

Vom Gottesacker führte die Route der beiden Alpengeher hinunter ins Kleinwalsertal, nach Mittelberg, der Heimat von Det Willand, dem Holzschnittkünstler mit dem großen prähistorischen Wissen. Ein Jahr zuvor war er unser ortskundige Scout gewesen, als Regisseur Harold Woetzel und ich die Tour abgegangen waren. „Das Kleinwalsertal spielte schon in Mittel- und Jungsteinzeit eine wichtige Rolle", davon ist Det überzeugt und hat es auch belegt: Zu zwei bedeutenden archäologischen Funden konnte er die entscheidenden Hinweise geben. Der eine Fund war Schneiderküren gewesen, der andere lag ein paar Kilometer weiter südöstlich im Gemsteltal.

„Mich hat immer gewundert, dass in der Talsohle so große Radiolaritbrocken herumgelegen haben", erzählte er. Radiolarit ist ein rötlicher Feuerstein, glashart und deshalb, wie Funde belegen, im Alpenraum und im Voralpengebiet ein weitverbreiteter steinzeitlicher Werkstoff. Det Willand hatte interessiert, wo die Gesteinsbrocken herkamen, und so war er auf Höhe der Gemsteltalalpe eine

steile Bergwiese an der Nordflanke des Widdersteins emporgestiegen. Ganz oben in dem unzugänglichen Gebiet kam er zu einer Stelle mit vielen Mulden und teilweise freigelegten Steinplatten. War dieser Ort durch Erosion entstanden oder waren hier Menschen am Werk gewesen? Wohl eher Letzteres, befand Willand, denn immerhin wurde diese Stelle in den Karten als „Feuersteinmähder" bezeichnet. Seine Neugier war geweckt. Er überzeugte den Innsbrucker Montanarchäologen Walter Leitner davon, mit ihm einmal dort hochzusteigen. „Leitner war vor dem Aufstieg noch sehr skeptisch gewesen", erinnert sich Willand, „doch als wir oben waren, war diese Skepsis wie weggeblasen: ‚Das sind Standgruben, das sieht man doch sofort', rief er."

Detlef Willand hat den steinzeitlichen Radiolaritabbau im Kleinwalsertal zu einem Thema seiner Kunst gemacht.

Was der Künstler Willand und der Wissenschaftler da entdeckt hatten, war eines der ältesten und höchstgelegenen Feuersteinbergwerke Europas, zehn kleine Standgruben lagen auf 1550 Metern Höhe, rund 250 Meter über dem Talgrund. Die Neolithiker hatten sich kleine Terrassen in den steilen Hang gegraben, hatten harte Grabstöcke zwischen die plattenförmig aufeinanderliegenden Gesteinsschichten geschoben und die Brocken herausgebrochen.

Historische Abbaustelle von Radiolarit, dem „Stahl der Steinzeit" für scharfe Werkzeuge, im Kleinwalsertal

Als Ingo und Henning am achten Tag ihrer Tour keuchend hier oben standen, hätten sie den ersten Posten auf ihrer steinzeitlichen Einkaufsliste, den Feuerstein, streichen können. Obwohl ... der Kleinwalsertaler Feuerstein war – qualitativ gesehen – ein Mercedes, aber das bedeutet eben, dass es auch noch Rolls-Royce oder Jaguar gibt: Einer der ganz großen Stars unter den Feuersteinen war der montelessinische, eine Feuersteinart, die in einem Alpengebiet östlich vom Gardasee abgebaut wurde. Da einige von Ötzis Waffen und Geräten aus diesem Material waren, gingen wir davon aus, dass man diesen hochwertigen Stein damals im Vinschgau zwischen Meran und Bozen eintauschen konnte.

Brennnesselsamen und Berberitzen zum Abschied

Vom Gemsteltal aus führt ein spektakulärer, langer Aufstieg zum 1972 Meter hoch gelegenen Gemstelpass, ein schmaler Pfad, links fällt eine Wand senkrecht ab in eine tosende Klamm. Was die beiden bei diesem Aufstieg noch nicht wissen: Thomas wird ihnen oben verkünden, dass er sie verlässt.

Vor allem Ingo traf es hart; dieser Mann, der sich nunmehr seit acht Tagen unter großen Schmerzen über die Strecke schleppte, hatte Tränen in den Augen, als Thomas ihnen die letzten Ratschläge gab. Der wichtigste war eher an uns als an die beiden gerichtet: „Den Lechtaler Höhenweg könnt ihr nicht machen", meinte er, „bei diesen Temperaturen gibt's da oben Schnee und dort ist weit und breit kein Baum zum Hüttenbau oder fürs Holzmachen ... Bleibt's lieber unten." Schade, denn dieser faszinierende Weg, der weit über 2000 Meter, hoch über dem Rosannatal, vom Flexenpass bis hinüber nach Zams im Inntal führt, wäre ein erstes hochalpines Highlight gewesen. Doch Thomas war in diesem Punkt von Anfang an skeptisch gewesen; die Waldgrenze liegt in diesem Bereich um 1900 Höhenmeter herum, der Weg führte die Wanderer jedoch in Bereiche bis 2700 Meter. Und 800 Meter absteigen, nur um Holz zu holen, und das Ganze wieder zurück, „das hätte in der Steinzeit doch kein Mensch gemacht, die waren ja schließlich nicht blöd", meinte Henning.

Thomas schlug vor, stattdessen vom nahen Hochtannbergpass hinunter ins Lechtal zu gehen, über Steg und Holzgau nach Bach, das auf etwa 1000 Meter am Eingang des Madauntals liegt. Von dort sollte es dann hoch zur Memminger Hütte gehen, dann weiter auf die Seescharte auf 2600 Meter und von dort runter nach Zams im Inntal (770 Meter). 1600 Höhenmeter hoch und 1800 wieder runter, „aber dafür spart ihr euch eine Situation, die wirklich gefährlich werden könnte".

Acht Tage lang hat Überlebenstrainer Thomas Patzleiner die beiden Alpenwanderer begleitet.

Thomas hat Abschiedsgeschenke für die beiden im Gepäck, streng steinzeitliche selbstredend: Brennnesselsamen, geröstet mit Salz, Hanfsamen, mit natürlichem Antibiotikum, und „damit ihr nicht krank werdet: Berberitzen, mit hohem Vitamin-C-Gehalt".

Regisseur Harold Woetzel ging mit Thomas ein paar Meter zur Seite, außerhalb Hörweite, und fragte ihn nach seiner Einschätzung: Würden die beiden es schaffen?

„Ich denke 50:50. Sie sind hart im Nehmen, die zwei; allerdings könnte ihnen ihr Jähzorn manchmal im Weg stehen. Ingo zum Beispiel ist schnell auf die Palme zu bringen, wenn was nicht klappt, das geht in zwei Sekunden. Er muss Coolness dazugewinnen und die wird er haben, wenn er es geschafft hat."

Dann geht Thomas Patzleiner. Es ist kalt geworden, ein schneidender Wind fegt über die Almhochfläche, elf Grad Celsius mit Wind, das sind fünf Grad Celsius gefühlt.

Jetzt sind die beiden auf sich allein gestellt.

Der jungsteinzeitliche Werkzeugkasten

Auch nach der Altsteinzeit benutzten die Menschen weiterhin neben organischen Materialien wie Holz, Knochen und Geweih vor allem Stein, um ihre Werkzeuge herzustellen.

Feuerstein wurde in der Jungsteinzeit wie in den Zeiten zuvor verarbeitet. Aus diesem harten und gut zerteilbaren Material fertigten die Menschen seit Jahrhunderttausenden die Werkzeuge an, die sie im Alltag zum Schneiden, Schaben und Bohren brauchte.

Scharfe Klingen in Feinarbeit

Die Jungsteinzeitler beherrschten verschiedene Methoden, um aus dem Rohmaterial Geräte zu schlagen. Mit direkten Schlägen mit einem anderen Stein konnte die Rohmaterialknolle in Form gebracht werden. Besonders schmale Klingen konnte ein Handwerker erreichen, wenn er ein Zwischenstück aus Holz, Knochen oder Geweih wie einen Meißel auf die Kante des Rohmaterialstücks auflegte und erst darauf mit einem Holzhammer schlug. Um dem Werkzeug seine endgültige Form und Schneidekante zu verleihen, brachte er zum Schluss noch feine Korrekturen (Retuschen) an. Hierzu übte der Werkzeugmacher mit einem kleinen Stab, beispielsweise aus Geweih oder Knochen, etwas Druck auf die Kante des Gerätes aus, wodurch einzelne Splitter absprangen. In der Jungsteinzeit hatte man solche „Retuscheure" zum Nachschärfen der Werkzeuge immer bei sich. Es gibt Funde von Geweihstäbchen, die man mit einer Schnur am Gürtel festbinden konnte.

Die schmalen und scharfen Steinklingen dienten als Schneideneinsätze in Messer und Sicheln oder auch als Pfeilspitzen. Damit die Einsätze in den Holzschäften und -griffen hielten, mussten sie festgeklebt werden. Dazu besaß die Steinzeit schon seit den Zeiten der Neandertaler einen Allzweckkleber: Birkenpech, eine Klebemasse, die durch Destillieren aus Birkenrinde gewonnen werden konnte.

Neben den einfach nur zurechtgeschlagenen Werkzeugen fertigten die Jungsteinzeitler aus Felsgesteinen sorgfältig überschliffene Beil- und Axtklingen an, die in Holz- oder Geweihschäftungen eingesetzt wurden. Verschiedene Formen waren in den unterschiedlichen Bereichen der Holzverarbeitung nützlich: Die Bauern mussten Wälder roden, um ihre Felder anzulegen. Für den Hausbau mussten Balken zurechtgehauen und für die Steinwerkzeuge die Stiele und Griffe geschnitzt werden.

Nachgebaute steinzeitliche Messer mit Feuersteinklingen

Steinzeitmenschen begegnen sich in den Alpen

Als Henning und Ingo im August des Jahres 3300 v. Chr. loszogen, um die Alpen zu überqueren, konnten sie da eigentlich damit rechnen, einem Menschen zu begegnen? Außer vielleicht dem einen oder anderen Tauschhändler?

Sie fanden wohl auch Hirten vor, und das wahrscheinlich nicht zu knapp. War ein Tal bereits in Beschlag genommen, blieb einem nachfolgenden Hirten vermutlich nur übrig, ins Nachbartal zu ziehen. Und falls das auch schon besetzt war, noch eines weiter. Oder zwei.

Die Wanderschafhaltung, also die Transhumanz, ist der Schlüssel für die Eroberung der Alpen durch den Menschen. Diese Wirtschaftsform nutzte gezielt den Voralpenbereich sowie die Alpenränder mit ihren feuchten Steigungsregen.

Bereits vor über 6000 Jahren siedelten die Menschen in den Alpen und betrieben Landwirtschaft.

Doch es gab auch gute Gründe für den Menschen, noch weiter ins Innere der Alpen vorzudringen und dort zu siedeln. Wer nämlich den Schwerpunkt nicht auf die Viehhaltung, sondern auf den Ackerbau gelegt hatte, für den waren die nassen Alpenrandgebiete eher ein Problem. Getreide zum Beispiel benötigt eine hohe Sonnenscheindauer, geringe Niederschläge und eine relativ lange Vegetationszeit; wie schwer es ist, solche Bedingungen in den Alpen zu finden, weiß, wer schon einmal mitten im Juni auf schattigen Nordhängen eine Schneeballschlacht gemacht hat oder im Salzburger Schnürlregen stand. Doch erstaunlicherweise ändert sich das Klima, je weiter man ins Innere vorstößt, in den Vinschgau, ins Inntal oder ins Wallis zum Beispiel: Bevor sie dort ankommen, haben sich die meisten Wolken ausgeregnet oder gar aufgelöst. Das heißt: Hier, mittendrin, sind die Bedingungen so gut, dass es sich lohnt zu siedeln und Landwirtschaft zu betreiben.

Und das nutzten, so zeigen Ausgrabungen, die Menschen ab circa 4500 bis 4000 v. Chr. Also: Als Ingo und Henning losgingen, waren wahrscheinlich viele feuchte Alpentäler schon intensiv genutzt wie auch die inneralpinen Trockenzonen, so richtig einsam war es dort wohl nicht.

Und was passierte, wenn zwei Alpenwanderer auf solche neolithischen Hirten oder Getreidebauern stießen? „Die Wanderer hatten etwas, was kostbar war", meint Gunter Schöbel, „sie brachten Nachrichten von draußen mit und Geschichten."

Es wäre also vorstellbar, dass dies ein gängiges Tauschgeschäft war: Nachrichten und Geschichten gegen einen Schlafplatz im Hirtenlager plus einer warmen Mahlzeit.

Die Alpentour:
Vom Lechtal bis nach Zams

23. August. Der zehnte Tag. Es regnet in Strömen, als Henning und Ingo aufwachen. Gähnend nehmen sie das Wetter zur Kenntnis, drehen sich zufrieden grunzend zur Seite und schlafen noch eine Runde. Keine Spur von Panik, keiner springt auf, um vielleicht das Dach vorsorglich noch ein bisschen dichter zu kriegen. Wozu auch: Die beiden liegen ja sicher im Trockenen in einer Scheune und dort hatten sie sogar noch, um es von unten her wärmer zu haben, ihr Heulager auf die Ladefläche eines Anhängers gebaut.

So war es in den letzten Tagen häufig gewesen. Die beiden hatten die strengen Steinzeitregeln mehr und mehr zu ihren Gunsten interpretiert, und zwar auf eine so clevere Art und Weise, dass wir nicht sehr viel dagegenzusetzen hatten. „Im Coaching hat man uns gesagt, dass die Steinzeitmenschen sehr effizient dachten", meinte Ingo. „Wenn die auf ihrer Tour in einem Dorf oder bei einem Hirten vorbeikamen, haben die doch sicher erst mal nach einer Übernachtungsmöglichkeit gefragt, bevor sie sich drei Stunden lang ein Lager bauten, oder?"

Ja, wahrscheinlich war das so. „Eben", meinte Henning triumphierend, „und deshalb haben wir eben damit begonnen, die Leute am Weg zu fragen." Meist taten sie das mit einer Portion selbst gesammelter Pilze in

Henning sucht (essbare) Pilze, um sie gegen eine Übernachtungsmöglichkeit einzutauschen.

den Händen. Und die Leute am Weg waren so fasziniert von den beiden, dass sie ihnen gerne halfen, wobei Ingo und Henning darauf bestanden, ein steinzeitliches Minimum zu wahren: „Heuschober ja, Gästezimmer nein!" war ihre ethische Leitlinie.

Auch was die Ernährung anging, forderten uns die beiden heraus: Statt zu sammeln, entwickelten sie eine neue „Marketingstrategie", wie es Henning

Für einen Apfel dürfen Touristen ein Foto von den beiden „Ötzis" schießen.

nannte. Wenn Touristen sie fotografieren wollten, posierten die beiden gerne und fragten anschließend: „Sie haben doch sicher was zum Essen dabei?" Gestern hatten sie sich ein Käsebrot und drei Äpfel auf diese Art und Weise beschafft.

Jeder kritische Einwand von uns wurde energisch weggewischt: „Ihr habt uns im Coaching erzählt, dass die Steinzeitwanderer wahrscheinlich Geschichten gegen ein Essen eingetauscht haben, und so machen wir das eben auch: food for foto." Und auch hier hielten sie sich ja schlauerweise an die Steinzeit: „Käse gab es damals schon, Brot auch." Konsequent und folgerichtig schlugen sie alles andere aus: Ananas, Leberwurst oder Cola – nein danke!

Gutes Schuhwerk, schlechte Füße

Für beide überraschend ist, dass ihre selbst gemachten Schuhe immer noch in bestem Zustand sind – alle hatten befürchtet, dass sie ihnen nach der ersten härteren Geröllhalde in Fetzen von den Füßen hängen würden. Aber nichts dergleichen. Was allerdings den Zustand von Ingos rechtem Fuß angeht ... Als Fuß kann man das mittlerweile nicht mehr bezeichnen, eher als Fläche mit hoher Wundendichte. Jetzt hat sich auch die alte Verletzung aus dem Dorf wieder entzündet, eine schwärende Wunde. Das sieht so schlecht aus, dass wir auf Stufe eins, die Behandlung durch Heilkräuter, verzichten und medizinische Hilfe der Jetztzeit hinzuziehen. In Holzgau gehen wir zum Arzt, „Sprengelarzt" steht auf dem Türschild. Es wird eine Begegnung der besonderen Art werden: „G'filmt wird hier fei nicht. Raus hier" ist einer der ersten Sätze einer resoluten Dame am Empfang. Nachdem das Kamerateam wieder draußen ist, wendet sie sich streng an Ingo: „Haben Sie eine europäische Versicherungskarte?" „Nein", meint Ingo, „ich komme aus der Steinzeit." „Dann müssen Sie bar bezahlen", meint die Dame energisch. „Ich habe aber kein Geld und bin ein Notfallpatient", entgegnet Ingo empört, „wenn ich jetzt mit einem Herzinfarkt kommen würde, müsste ich dann auch bezahlen?" „Natürlich!", lautet die knappe Antwort.

Ingo kocht vor Wut. „Ich geh jetzt zu einem Tierarzt", meint er. Schließlich kommt es doch noch zu einer Untersuchung. Der Arzt schaut sich die Wunde an, desinfiziert und verbindet sie. Dann erklärt er, dass Ingos Tour jetzt eigentlich zu Ende sein müsste. Es bestehe die reale Gefahr einer Blutvergiftung. Jetzt war sie da, die Situation, die wir immer befürchtet hatten: Einer verletzt sich, was tut der andere? Ist die Tour damit für beide beendet? Müssen sie vielleicht lange pausieren? Oder geht der andere alleine weiter?

Doch Ingo lässt sich keine Sekunde lang auf diese Diskussion ein. Entschlossen nimmt er die Wanderung wieder auf, am Eingang des Madauntales bauen sie sich ein wunderschön gelegenes Lager.

War damit die Steinzeit wieder da? Heute ja. Morgen würde, nach einem Wolkenbruch, wieder ein Heustadel auf dem Programm stehen, übermorgen aber würden sie vom Neolithikum so weit weg sein wie nie zuvor. Und einen Heidenkrach würde es auch geben.

Ein reinigendes Gewitter

Am zwölften Tag hatte ein schattiger Weg, durch die Regenfälle der letzten Tage schlammig und rutschig, die Männer von der Madau zur Memminger Hütte hochgeführt. Ab 2000 Meter wurde es empfindlich kalt, so kalt, dass sich oben auf 2200 Metern Höhe die Frage stellte, wo die beiden übernachten sollten. Einen Heustadel gab es nicht, Holz zum Hüttenbau auch nicht, die einzige Möglichkeit war das Massenlager. Und so übernachteten unsere „Ötzis" wie alle neuzeitlichen Bergwanderer auch. Und dann sah Regisseur Harold Woetzel auch noch Ingo aus der Dusche flitzen ...

Die Diskussion kam beim Abstieg: immer wieder Übernachten in Heustadeln, statt sich Lager zu bauen, „food for foto" statt zu sammeln und dann noch der Regelbruch mit der Dusche. „Das hat mit Steinzeit nichts mehr zu tun!", ging Harold Woetzel das heikle Thema an. Und rannte gleich in mehrere offene Messer.

Wieder eine Nacht im Heu, doch dem Regisseur missfällt das „unsteinzeitliche" Verhalten der Protagonisten.

Das gefällt Ingo: Der Heuschober erspart den aufwändigen Bau einer Schutzhütte.

Klippen wie diese haben Ingo und Henning immer wieder zu überwinden.

Wieder ist eine Etappe geschafft und die Bogenschützenanlage am Inn erreicht.

„Dann müsst ihr uns halt in Gegenden führen, in denen Touristen nicht alles links und rechts kahl gefressen haben", schießt Ingo zurück, „das hat ja wohl mit Steinzeit auch nichts zu tun." Und auch Henning ist stinkesauer: „Seit vier Wochen frier ich jede Nacht, lauf in diesen Latschen rum, muss mich zum Tanzbären machen, um was Gescheites zu essen zu kriegen, also für mich ist das Steinzeit!" Der sonst so schweigsame Mann hat so einen dicken Hals, dass die Vorwürfe wasserfallartig aus ihm hervorbrechen, „und ihr schlagt euch auf den Hütten immer den Ranzen voll, mir stinkt das ..." Beide machen klar, dass sie sich „verarscht" fühlen; die Planung sei schlecht, schließlich hätte kein Mensch früher den Lechtaler Höhenweg genommen, den wir ursprünglich vorgesehen hatten. So heftig das Gewitter ist, so reinigend ist es auch. Die Stimmung beruhigt sich sehr schnell. Die beiden wissen nun aber, dass sie nach Meinung des Teams Grenzen berührt, ja gedehnt hatten.

Der Abstieg ist brutal und zieht sich. Ein Schild hängt an einem Baum: „Memminger Hütte 7 Stunden". Dort waren sie gestartet und immer noch liegt das Ziel, Zams, ganz weit unten und will nicht näher kommen.

Und dann unten, nach 1800 Metern steilem Abstieg, noch drei Kilometer parallel zur Autobahn. Als das Ziel, eine Bogenschützenanlage direkt am Inn erreicht ist, sind alle platt. Aber jetzt haben Ingo und Henning die Hälfte geschafft!

Krankheiten der Steinzeit

Friedhöfe sind für Archäologen und Anthropologen in der Jungsteinzeit ein Spiegel des Lebens. An den Skeletten der Toten lässt sich so manches Detail über ihr Leben herausfinden. Ein beispielhaftes Untersuchungsobjekt ist das Gräberfeld von Trebur bei Darmstadt. Dort bestatteten die Menschen der mittleren Jungsteinzeit über Jahrhunderte ihre Toten. Es ist eines der größten Gräberfelder dieser Zeit: Auf 4000 Quadratmetern konnten 137 Gräber aus der ersten Hälfte des 5. Jahrtausends v. Chr. aufgedeckt werden. Für Anthropologen bietet eine solch breite statistische Basis die Gelegenheit, den Gesundheitszustand der Gesellschaft und die Lebenserwartung der Menschen damals zu untersuchen.

Unter den bestimmbaren Skeletten sind erwachsene Frauen und Männer in ausgewogenem Verhältnis vertreten. Die Gräber von Kindern und Jugendlichen machen aber nur 15 Prozent aus. Bei der von anderen Plätzen bekannten hohen Kindersterblichkeit, nehmen die Wissenschaftler an, dass eine Vielzahl der Kinder kein ordentliches Begräbnis auf dem Friedhof bekam. Denn nur die Hälfte der jungsteinzeitlichen Kinder und Säuglinge erreichte das Teenageralter. Statt auf dem Friedhof sind ihre unauffälligen Gräber bisweilen in den jungsteinzeitlichen Siedlungen zwischen den Häusern zu finden.

Auch wenn man die gefährliche und krankheitsanfällige Kindheit überwunden hatte, konnte man sich in Trebur nicht unbedingt auf ein langes Leben freuen: Die durchschnittliche Lebenserwartung der jungsteinzeitlichen Männer lag bei 24,5 Jahren, der Frauen, sicher durch die Gefahren während Schwangerschaft und Kindbett bedingt, bei nur 16,5 Jahren.

Manche Krankheiten, die die Menschen bewältigen mussten, hinterlassen Spuren an den Knochen. Anthropologen konnten beispielsweise an den Schädeln aus Trebur chronische Entzündungen der Nasennebenhöhlen sowie Entzündungen des Oberkiefers und der Kieferhöhlen nachweisen. Die Zähne sind meist stark abgekaut. Gelegentlich lagen schon die Nerven offen, sodass die Menschen unter starken Schmerzen leiden mussten. Die Hälfte der untersuchten Personen hatte Karies, und dicke Zahnsteinauflagen führten zu Zahnfleischentzündungen. Interessant sind Spuren von Wachstumsstörungen, die mehr als die Hälfte der Gebisse zeigten: Sie zeugen von regelmäßigem Nahrungsmangel oder auch Krankheiten während der frühen Kindheit.

Die Knochen der untersuchten Skelette besitzen deutliche Muskelansatzmarken. Sie erzählen, ebenso wie die häufig nachzuweisende Arthrose, von einer starken körperlichen Belastung der jungsteinzeitlichen Bauern. Gerade an den Wirbeln zeigen sich die Spuren der harten Arbeit: Besonders deutlich ist dies beispielsweise an dem Halswirbel einer 50 bis 70 Jahre alten Frau abzulesen, der durch häufiges Tragen von Lasten auf dem Kopf stark deformiert ist.

Die Wende im Dorf

Fuchsenloch, 21. August.

„Kaum zu glauben: Sie ernten!" Nach seiner Rückkehr aus dem Wochenende war Regisseur Martin Buchholz als Erstes ins Dorf gegangen und fand dort die Männer einträchtig um einen Sack herumsitzen, auf den sie – jeder mit zwei Stöcken – rhythmisch einschlugen: „Heija, heija, heija, heij! Heija, heija, heija, heij!" Ganz eindeutig: Sie droschen Getreide. Sie hatten sich dazu einen Leinensack genäht, in den sie die Ähren gaben, um nichts vom Erntegut zu verlieren.

Und auf dem Feld ernteten die Frauen, so wie sie es im Coaching gelernt hatten: mehrere Halme zu einem Bündel zusammennehmen und dann ein bis zwei Handbreit unter der Ähre abschneiden, sodass man noch genügend Halme hatte, um das Getreide zu bündeln und mäusesicher an der Decke des Vorratshauses aufhängen zu können.

Sie ernteten also! Was war an diesem Wochenende geschehen? Ganz offensichtlich hatte unsere Abwesenheit, die ja auch eine Abwesenheit jedweder Art von Einflussversuchen war, dazu geführt, dass die Sippe eine radikale Wendung

Damit kein Körnchen verloren geht, dreschen Ronja und Olli das Getreide im Leinensack.

vollzogen hatte. Was war der Grund? Hatten unsere Protagonisten etwa nachgegeben? Nein, das war es sicher nicht gewesen.

Die Steinzeitsippe startet durch

Harm Paulsen deutete die Vorgänge im Dorf ganz anders. Von Anfang an hatte er prophezeit: „Die Leute werden frühestens in drei Wochen erst in der Lage sein, sich auf das Experiment einzulassen." Immer wieder hatte er in den Steinzeitsommerlagern, die er in Dänemark organisiert, ähnliche Mechanismen erlebt: „Die Leute stehen sich anfangs selbst im Weg, weil sie noch zu sehr in ihrer modernen Gedankenwelt leben." Das heißt: Sie empfinden viele Umstände des Steinzeitlebens noch eher als Zumutung, ärgerliches Missgeschick oder organisatorische Panne und (noch) nicht als Herausforderung, die man ja auch sportlich nehmen und bewältigen kann.

„Aber nach drei Wochen sind da die meisten durch", meinte Harm Paulsen und behielt recht: Pünktlich zum 21. Tag war die Sippe wie verwandelt. Auch Martin ging es offenbar besser als die Wochen zuvor. Man konnte jetzt sehen, dass er die Dorfarbeit um so vieles mehr im Griff hatte, dass er sich Freiräume schaffen konnte, um zu töpfern – und das bessere Wetter tat da ein Übriges.

Man spürte, wie dieser Mann aufblühte, wenn er kreativ sein konnte,

Claudia und Sophia ernten so, wie sie es beim Coaching gelernt haben.

Nach drei Wochen lähmender Untätigkeit bringt die Sippe ihre erste Ernte ein.

Martins Töpferkunst: eine der Ketten, die die Sippe gegen Lebensmittel eintauscht.

wie seine Fröhlichkeit zurückkehrte, wie seine Lust am Musizieren plötzlich wieder zunahm oder umgekehrt: Man begriff, wie schlimm es für ihn gewesen sein musste, all seine kreativen Impulse der Fron in Schlamm und Kälte zu unterwerfen.

Mit Kreativität konnte man viele Probleme sehr viel besser lösen als mit Verbissenheit. Das hatten die Burbergs selbst unter Beweis gestellt. Als die Not mal wieder groß gewesen war und den Kindern aber auch gar nichts aus dem Vorratshaus und den Kochtöpfen geschmeckt hatte, entschlossen sie sich zum kreativen Erstschlag. Martin setzte sich auf die Veranda, formte und trocknete kleine Tonperlen, die Claudia auf dünne Lindenbastbändel fädelte. Eine ganze Reihe hübscher Ketten entstand so. Und dann zog die gesamte Sippe in das nahe Dörfchen Hintermoos, ging zum ersten Haus und klingelte.

„Guten Tag, wir kommen aus der Steinzeit und wollten fragen, ob Sie mit uns tauschen möchten", fragt Claudia die erstaunte Frau. Die Ketten gefallen ihr. „Was wollen Sie denn dafür?", fragt sie. „Haben Sie vielleicht Honig?" Das Resultat sind zwei Gläser Honig, die unsere Protagonisten pflichtbewusst in ein mitgebrachtes Tongefäß umfüllen.

Im nächsten Haus möchten sie Salz als Gegenleistung. Der Hausherr rennt schnell rein und holt den Fotoapparat: „So etwas erlebt man hier schließlich nicht jeden Tag", meint er. Und dann bekommen die Kinder noch Äpfel.

Die Alpentour:
Von Zams nach Umhausen

Ein Pfeil nach dem anderen bohrt sich in rascher Folge in den Körper des Steinbocks. Dass das Tier dies so unbeeindruckt wegsteckt, liegt daran, dass es eine Attrappe auf dem Zamser Bogenschießplatz ist. Aus 15 Metern Entfernung hatte Henning auf das Ziel geschossen – der Hessenmeister im Langbogenschießen auf Drei-D-Ziele des Jahres 2004 lässt grüßen. Beeindruckend.

Auf der anderen Seite: Im Ernstfall hätte er es erst einmal schaffen müssen, unbemerkt so nahe an das Tier heranzukommen. Oder er hätte warten müssen, bis das Tier nahe genug an ihn herangekommen war. Alles in allem: So eine Jagd hätte sicher stundenlanges, wenn nicht tagelanges Ansitzen bedeutet.

Nach einem Ruhetag an diesem Ort, der eingezwängt zwischen Inn und einem Autobahndreieck liegt, geht es am nächsten Tag weiter. Henning und Ingo wandern zunächst kilometerweit flussaufwärts, um eine Stelle zu finden, an der sie den Inn überqueren können. Durch die vielen und starken Regenfälle der letzten Wochen ist der Fluss stark angeschwollen.

Wir sind unsicher. Kommt man da wirklich heil durch? Was passiert, wenn einem die starke Strömung die Beine weg- und den Körper mitreißt? Regisseur

Bevor Ingo und Henning den Fluss durchwaten, hat der Regisseur einen Selbstversuch gemacht.

Harold Woetzel geht auf Nummer sicher. Mit Badehose und einem Bergseil um die Hüfte wagt er sich in das kalte, schnelle Wasser. „Es sieht schlimmer aus, als es ist", berichtet er ein paar Minuten später, als er mit feuerroten Beinen wieder auf dem Kiesufer steht. Nun krempeln unsere beiden Protagonisten ihre Beinkleider hoch; einer nach dem anderen geht ins Wasser. Jetzt bloß nicht auf einem glitschigen Kiesel am Grund ausrutschen. Oder in etwas Spitzes treten. Aber das Glück ist mit den beiden.

Auf der Höhe von Landeck wandern sie den östlichen Talrand hinauf Richtung Fließ. Es ist ein sehr beeindruckender Weg, ein Stück original erhaltener Via Claudia Augusta, eine von Kaiser Claudius in den Jahren 46/47 n. Chr. gebaute Straße, die von der Adria über Bozen und den Reschenpass bis nach Augsburg und Donauwörth führte. Spektakulär ist vor allem das Teilstück bei der Fließer Platte, eine auf 1000 Meter Höhe aus dem Stein gehauene 90-Grad-Kurve. Um zu verhindern, dass Fuhrwerke bei Nässe wegrutschten und in die Tiefe stürzten, wurden Rinnen in die felsige Fahrbahn gehauen – in dieser 2000 Jahre alten „Straßenbahnschiene" wurden die Räder in der Spur gehalten.

Aber weitere 3000 Jahre früher? War das damals auch schon ein begangener Weg? „Durchaus denkbar", meint Montanarchäologe Walter Leitner von der Innsbrucker Universität, „denn weiter oben, auf dem Piller Sattel, liegt ein bronzezeitlicher Kultplatz." Dort auf 1550 Meter wurden ab etwa 1500 v. Chr. Brandopfer begangen, wohl den Göttern geweihte Teile von Opfertieren, deren Asche man auf einem Haufen deponierte, der so stetig in die Höhe wuchs, bis daraus

ein hoher Hügel entstand, der heute mit Gras bewachsen ist. Da um den Piller Sattel herum noch weitere bronze- und hallstattzeitliche Funde gemacht wurden, gehen Wissenschaftler davon aus, dass dieser Durchgang auch schon weit davor genutzt worden sein könnte.

Die Wanderer im Schnee – weise und gelassen

Dienstag, 29. August, ORF-Teletext: „Feuchte, ausgesprochen kühle Luft strömt von der Nordsee zum Alpenraum. Weitere Regenschauer an der Alpennordseite. Temperaturen: Auf

Ein Felsvorsprung, wie geschaffen als Lager für die beiden Wanderer

2000 Meter plus 4 bis 0 Grad, auf 3000 Meter minus 3 bis minus 7 Grad." Das heißt: Zwischen 2000 und 3000 Metern geht der Regen in Schnee über. Klingt verheerend, ist aber leicht besser als am Tag zuvor. Da wurde noch gemeldet: „Schneefallgrenze auf 1500 Meter sinkend."

So präsentierte sich an diesem Morgen die Berglandschaft ringsum in jungfräulichem Weiß. Und in drei Tagen mussten wir über unseren ersten Dreitausender. „Macht ihr euch keine Gedanken über den Schnee?", fragt Harold. „Nö", antwortet Ingo, „die Gefahr, die du nicht kennst, musst du nicht fürchten!"

„Dalai Lama?"

„Nö. Ingo Schuster!"

In weiten Bogen geht es Richtung Pitztal hinunter. Bei Wenns finden die beiden einen überhängenden Felsen hoch über der Pitze gelegen. Ein wunderschöner, geradezu mystischer Ort. Und die beiden haben ihn selbst gefunden. Immer wieder hatten sie in den dichten Wald hineingespäht, auf der Suche nach einem guten Platz für die Übernachtung. Und nun dieser Felsvorsprung von der gleichen Klasse wie vor über einer Woche beim Jägerlager Schneiderküren. Henning und Ingo haben den Felsen keine Stunde zu früh gefunden. Kaum haben sie den Ort bezogen und das erste Brennholz gemacht, fängt es an zu regnen. Und es wird bis zum kommenden Abend nicht mehr aufhören. Ruhetag. Die beiden nehmen ihr Schicksal dankbar an und schlafen sich erst mal richtig aus.

Ingo und Henning sind dem Regen dankbar: Er sorgt für einen Ruhetag.

Freitag, 1. September, 6:45 Uhr. Start bei der Ludwigsburger Hütte auf 1935 Metern, weitere 1000 Höhenmeter liegen vor uns bis zur Fundusfeilerscharte.

Um acht Uhr ist der Schnee da, gegen 8:15 Uhr sind wir oben auf dem 2500 Meter hoch gelegenen Lehnerjoch. Hier schlägt die Stunde von Hugo, unserem Tiroler Bergführer. Er hat die alpinistische Verantwortung des Unternehmens. Wenn Hugo sagen würde: „Da hinten kommt ein Gewitter, wir steigen ab!", dann wäre das so etwas wie der Befehl eines Kapitäns auf hoher See. Aufmerksam lässt er seinen Blick über die atemberaubende, tief verschneite Gebirgskulisse schweifen. „Wir müssen da hinauf", er zeigt mit dem Finger auf eine steile Scharte vor uns, „das sind noch einmal knapp 500 Höhenmeter. Und auf der anderen Seite geht's noch steiler hinunter." Seine Sorge: Neuschnee plus steiles Gelände, das bedeutet Lawinengefahr. „Ihr müsst damit rechnen, dass wir oben umkehren müssen, wenn das zu gefährlich ist", hatte er schon am Abend zuvor gewarnt.

Modernes Equipment gegen Ötzis Fellschuhe

Und dann geht's los, ohne Weg mitten durch den jungfräulichen Schnee. Ich gehe mit einer Gruppe voran. Nach 200 Höhenmetern bin ich schon fix und fertig. Keine drei Schritte kann ich setzen, ohne dass ich bis zu den Knien in den Schnee einbreche oder seitlich weggleite. Das ständige Ausrutschen, sich fangen, nur um sich gleich wieder fangen zu müssen, führt dazu, dass ich zehn Schritte gehe, keuchend stehen bleibe, wieder zehn Schritte gehe, wieder keuchend anhalte … Herrgott, ich bin doch nicht am Everest, sondern gerade mal auf Zwosieben!

Die armen „Ötzis" hinter mir! Ich drehe mich um. Merkwürdig … das letzte Mal war Henning doch viel weiter hinten gewesen … Beim nächsten Kontrollblick scheint er erneut näher gekommen zu sein. Jetzt schaue ich genauer hin: Ohne Stolperer, Rutscher oder Verschnaufpausen zieht Henning seine ruhige Spur durch den Schnee. Vor dem Aufstieg hatte er die bislang so belächelten Ötzischuhe angezogen. „Es ist halt kalt", hatte er gemeint. Die riesigen Bärenfellnachbildungen waren natürlich bedeutend wärmer als seine Lederlappen, die er sonst um die nackten Füße gewickelt hatte. Um zu verhindern, dass von oben Schnee in die Schuhe kam, hatten sich die beiden am Vorabend aus Fellresten noch Gamaschen genäht.

Und nun schickten sie sich an, in diesem unwirtlichen Gelände dem Rest des Teams den Schneid abzukaufen. Spätestens jetzt wurde uns klar, welchem Zweck Ötzis Fellschuhe eigentlich dienten: Das waren Schneeschuhe! Nicht nur warm, sondern auch von der Sohlenfläche her groß genug, um auf Schnee effektiv gehen zu können, kurz: Es war ein prähistorischer Mix aus Moonboot und Bigfoot.

Um zwölf Uhr ist Henning oben auf der Fundusfeilerscharte auf 3000 Me-

Die von Experimentalarchäologin Anne Reichert hergestellten Ötzischuhe haben sich im Schnee bestens bewährt.

Hier gibt es keine Kompromisse – Gletscherbrillen müssen sein.

tern. Zehn Minuten nach ihm kommt Ingo. Hugo hat beiden Gletscherbrillen verordnet, „Steinzeit hin, Steinzeit her, die kriegen sonst eine Mordsbindehautentzündung", hatte er gemeint. Und als die beiden da oben sich unter einem strahlend blauen Tiroler Himmel vor einem fantastischen Panorama in die Arme fallen, müssen einige im Team gegen feuchte Augen kämpfen und heftig schlucken.

Dieser Aufstieg war der Ritterschlag gewesen, sowohl für die beiden als auch für Ötzis Ausrüstung. Bislang war es immer über Wege oder Pfade gegangen, hier dagegen hatten die beiden unter härtesten Bedingungen einen spektakulären Beweis erbracht: Ötzis Ausrüstung war nicht nur tauglich für hochalpines Gelände, sie war in Teilen dem heutigen Bergtouren-Equipment gleichwertig oder hatte sich gar als besser erwiesen. Die Fellschuhe hatten Schneeschuhqualitäten und die selbst gebastelten Lederschuhe besaßen gerade auf feuchtem Boden eine Bodenhaftung, die der moderner Bergstiefel überlegen war.

Im Dorf:
Trockenerbsen als Währung

Die Stimmung im Dorf ist wie ausgewechselt. Alles wuselt durcheinander, doch jeder tut etwas, was wie ein Rädchen in ein großes Getriebe passt: Die Kinder spülen, holen Flusskrebse, helfen beim Ernten und Dreschen, die Erwachsenen sammeln Äpfel, Pilze, Kräuter, machen Käse, einen Kuchen zu Ollis 40. Geburtstag und sie beginnen nach und nach, eine ganze Kollektion von kleinen Töpfen und verschieden großen Anhängern mit eindrucksvollen Gravuren herzustellen. Ein Modell zeigt ihr Pfahlbauhaus, mit wenigen Strichen hat es Martin in

Töpfermeister Martin will seine Keramik auf dem Markt eintauschen.

den Ton geritzt: „Das ist unser Steinzeit-Steinzeug!", meint er.

Und er hat mit der Keramik auch einen Plan. Die Protagonisten haben beschlossen, dass sie nicht mehr mühsam, Kalorie für Kalorie, der Natur die Nahrung abringen wollen. Sie suchen eine effizientere Lösung: Tauschen auf dem Markt. Und so starten Martin und Claudia an einem wunderschönen Morgen, die Uhr in der Kamera zeigt 6:27, um über Wiesen und Felder und einen steilen Waldabstieg hinunter ins fünf Kilometer entfernte Weingarten zu wandern.

Der eine oder andere in der Redaktion ist skeptisch: Hat das noch etwas mit Steinzeit zu tun? Doch Martin wischt die Bedenken zur Seite: „Wir tauschen steinzeitlich Gefertigtes gegen Nahrung und damit sind wir voll in der Zeit." Aha. Schau'n wir mal.

Eine neue Attraktion auf dem Weingartner Markt

Neun Uhr: Martin und Claudia kommen in der Innenstadt von Weingarten an. Zwischen zwei Marktständen finden sie eine Lücke, passend zu ihrem Outfit vor einer Modeboutique. Martin – da scheint seine jahrelange Töpfermarkterfahrung durch – findet sofort Kontakt zum benachbarten Gemüsestand: „Habt ihr für uns zwei leere Kisten?" Ja, haben sie: Kisten auf den Kopf gestellt, ein grobes Leinentuch drüber und die Ketten und Töpfe darauf ausgebreitet – in nur fünf Minuten sind sie verkaufsbereit.

Sofort kommen die Leute neugierig an den Stand. „Was kostet das?", fragt eine ältere Dame und hält prüfend eine der kleinen Tonketten in die Luft. „Ein Kilo Erbsen", meint Martin. „Aber bitte Trockenerbsen", ergänzt Claudia und fügt hinzu: „Damit wir nicht so schwer tragen müssen."

Die Dame weiß zunächst nicht, was sie mit dieser Botschaft anfangen soll. Wollen die beiden in ihren abenteuerlichen Gewändern sie vielleicht auf den Arm nehmen? Aber Claudia erklärt mit ein, zwei Sätzen den Hintergrund: „Da wir kein Geld nehmen dürfen, möchten wir den Gegenwert eben in Lebensmitteln, und zwar in solchen, die es in der Steinzeit schon gab." Die Dame begreift und legt die Kette zurück. Fünf Minuten später ist sie wieder da – mit vier Päckchen Trockenerbsen.

Die nächste Dame hätte gerne den mittleren Krug: „Also drei bis vier Kilo Erbsen wollen wir dafür schon haben", meint Claudia. Auch hier ist die Dame kurze Zeit später wieder am Stand, mit 16 Päckchen „grüne Schälerbsen".

Insgesamt 17 Kilo Erbsen und Linsen bekommen Claudia und Martin auf diese Weise zusammen, dazu einen dicken Räucherschinken, ein paar Scheiben gekochten Schinken, Birnen und Zwetschgen: Die restlichen Tage scheinen, nahrungstechnisch gesehen, gesichert zu sein. Jetzt müssen sie nur noch umfüllen. „Das ist das erste Mal seit fünf Wochen, dass wir Müll produzieren", meint Claudia versonnen, als sie vor dem großen Haufen von circa 50 Kunststoffverpackungen steht und ihn in eine Mülltonne stopft. Sie ist hochzufrieden. Da ist zum einen der Erfolg, zum anderen ist sie endlich mal draußen. „Es ist so schön, wieder einmal eine Sonnenblume zu sehen",

Martin und Claudia haben Markterfahrung – in wenigen Minuten ist ihr Keramikstand aufgebaut.

Erwachsene wie Kinder scheinen sich mit dem steinzeitlichen Leben zu arrangieren.

meint sie, als sie an einem Blumenstand vorbeigeht. Stimmt, wir sind mittlerweile am Ende des Sommers angelangt, Blumen gibt es rund um das Fuchsenloch kaum, jetzt ist die Zeit der Früchte.

Zwölf Uhr: Claudia und Martin brechen auf. Es fällt ihnen schwer, die Last den steilen Anstieg hinter Weingarten hochzuschleppen. Als sie jedoch knapp drei Stunden später wieder im Dorf sind, werden sie für die Plackerei entlohnt: Sie sind die umjubelten Stars des Tages. Man fühlt sich als Zuschauer in ein Nachkriegsszenario versetzt, als Britta, Sophia und die Kinder begeistert den Tragekorb ausräumen: „Habt ihr schon mal so eine Birne gesehen?", ruft Sophia in die Runde und hält begeistert die Frucht in die Luft. Die Kinder schnappen sofort danach. „Stopp", ruft Claudia, „einteilen!" Und dann bekommt jeder einen Birnenschnitz und eine Scheibe gekochten Schinken, von dessen Vorkommen in der Steinzeit nicht jeder im Team überzeugt ist, aber was soll's!

Die Stimmung ist gut und jeder spürt: Die Burberg-Sippe ist in der Steinzeit angekommen.

Kulturen der Jungsteinzeit

Seit der Erfindung des Tongeschirrs zu Beginn der Jungsteinzeit (Neolithikum) sind Keramikfunde für Archäologen ein wichtiges Indiz, durch das sich Fundstellen sowohl kulturell/regional als auch zeitlich einordnen lassen. In allen Siedlungen gingen mit der Zeit Tongefäße zu Bruch, die weggeworfenen Scherben sind häufige Funde in Ausgrabungen.

Für die erste Phase der Jungsteinzeit ist die Verzierung der Keramik mit umlaufenden, eingeritzten Bändern so charakteristisch, dass die gesamte Kultur hiernach benannt wurde: Linearbandkeramik. Sie ist in der Mitte des 6. Jahrtausends v. Chr. von Ungarn bis an den Rhein verbreitet.

Diese einheitliche und mitteleuropaweit verbreitete Kultur hatte keine Nachfolger, die einen ähnlichen Anspruch für sich geltend machen könnten. Der kulturelle Zusammenhalt der Bandkeramik zerbrach nach einem halben Jahrtausend; an seine Stelle traten um

5000 v. Chr. ausschließlich kleinräumige Kulturen. Dies ist eine Tendenz, die in der Folgezeit noch zunimmt. Für Archäologen äußert sich die neue politische Lage vor allem in einem veränderten kollektiven Stilempfinden. Unterschiedliche Repertoires an Keramikformen und -verzierungen zeigen Bevölkerungsgruppen an, die sich abgrenzen beziehungsweise zugehörig fühlen wollten. Doch verbergen sich hinter den verschiedenen Geschmäckern nicht unbedingt abgegrenzte Völker mit verschiedenen Sprachen. Die Keramik ist nur ein Aspekt der gesamten Kultur. Untersuchungen haben gezeigt, dass die Verbreitung der Keramikstile nicht immer deckungs-

Keramik des Rössener Stils ist mit Bändern und Dreiecken geschmückt.

gleich ist mit der Ausbreitung anderer kultureller Phänomene wie Hausformen, Steingeräten oder landwirtschaftlicher Besonderheiten.

Kleinräumige Stilprovinzen entstehen

In Süd- und Westdeutschland war nach der Linearbandkeramik die Rössener Kultur verbreitet, in Mitteldeutschland die Stichbandkeramik. In der Stilprovinz der stichbandkeramischen Kultur wurde die linearbandkeramische Zier auf den Gefäßen in Bänder aus ein-

Tulpenförmige Becher, Backteller und Schöpflöffel der Michelsberger Kultur

zelnen Einstichen aufgelöst. Die Keramik der Rössener Kultur dagegen zeichnet sich durch eine über den ganzen Gefäßkörper ziehende Verzierung aus waagerechten Bändern und schraffierten Dreiecken aus. Namengebend ist für diese Kultur die Keramik aus dem schon 1879 entdeckten Gräberfeld von Leuna-Rössen im Kreis Merseburg-Querfurt.

Mitte des 5. Jahrtausends traten an die Stelle der Rössener und der stichbandkeramischen Kultur zahlreiche, sehr kleinräumige Gruppen, die hier gar nicht alle genannt und besprochen werden können. Von Holland über Norddeutschland bis Polen und in Skandinavien wird nun auch in diesen Regionen eine erste bäuerlich geprägte Kultur greifbar: die Trichterbecherkultur. Die Menschen hatten hier im Norden fast 2000 Jahre länger an einer wildbeuterischen Lebensweise festgehalten als ihre in den südlichen Lössgebieten siedelnden bandkeramischen Nachbarn. Namengebend für diese Gruppe sind Becher mit trichterförmiger Mündung.

Eine der Stilprovinzen, die neben der Trichterbecherkultur noch recht großräumig verbreitet war, ist die Michelsberger Kultur. Sie ist nach einer befestigten Siedlung auf dem Michaelsberg bei Bruchsal benannt. Die Michelsberger Kultur erstreckte sich vom Niederrhein bis an die Schwäbische Alb und von Ostfrankreich bis nach Böhmen und Mähren. Für sie sind tulpenförmige Becher mit spitzem Boden charakteristisch. Nach den auffälligen Mustern von Rössen und Stichbandkeramik wirkt diese Keramik durch das Fehlen von Verzierungen besonders schlicht.

Schnurkeramik und Glockenbecherkultur

Das 3. Jahrtausend bringt danach wieder eine kulturelle Einheit. Nach den vielfältigen Kleingruppen der vorherigen Zeit sind nun zwei europaweit verbreitete Kulturen prägend: die schnurkeramische Kultur und die Glockenbecherkultur. Diesmal handelt es sich nicht nur um keramische Stilprovinzen, sondern auch um Grabsittenkreise mit gegensätzlichen Bestattungsriten. Ab etwa 2800 v. Chr. ist die Schnurkeramik vom Elsass bis in die Ukraine und von Skandinavien bis in die Westschweiz verbreitet. Typisch sind Becher mit einem trichterförmigen Hals, der mit Schnureindrücken verziert ist. Wenige Jahrhunderte später tritt dann in Mitteleuropa die Glockenbecherkultur in Erscheinung. Als charakteristische Beigabe finden sich nun glockenförmige Becher in den Gräbern. Die Glockenbecherkultur antwortet auf den Grabritus der Schnurkeramik, orientiert sich an den alten Sitten, ändert jedoch absichtlich die Regeln. Sie bildet eine Gegenströmung zur Schnurkeramik und löst diese in manchen Gebieten ab, in anderen Regionen laufen beide Kulturen dagegen zum Teil zeitlich parallel.

Aufgrund der vereinzelt auftretenden Metallfunde wird die jungsteinzeitliche Phase seit dem ausgehenden 5. Jahrtausend von einigen Forschern als Kupferzeit bezeichnet, die schon das nahende Ende der Steinzeit einläutet.

Die Alpentour:
Von Umhausen bis zum Similaun

Die Qualität der beiden Schuhtypen unserer Alpenwanderer überraschte auch unseren wissenschaftlichen Berater Walter Leitner. Der Innsbrucker Archäologe war nach Umhausen gekommen, wo das Ötzi-Dorf steht, die Bauten für den Dokumentarfilm „Der Ötztalmann und seine Welt" von Kurt Mündl aus dem Jahr 1999. In den originalgetreuen Steinzeithäusern machten Henning und Ingo nach ihrem Abstieg von 2000 Meter Höhe vom Fundusfeiler einen Ruhetag.

„Ich stelle mir vor: In so einem Schuh auf einem steilen, verschneiten Hang, da rutsche ich doch", meint Leitner, der mit den beiden an einem Feuer auf dem Dorfplatz sitzt.

Eine neue Erfahrung für Ingo und Henning: Schneewandern in steinzeitlicher Ausrüstung

„Nein", widerspricht Henning „sie bieten erstaunlich viel Halt, man rutscht kaum."

Auch dass die beiden sie vor ihrer Schneetour nur als wärmende Schlafschuhe benutzt haben, erstaunt Leitner. „Die taugen nichts bei Nässe, auch nicht bei nassem Schnee, die sind nur nützlich bei trockenem, kaltem Schnee", erklärt Ingo.

Die beiden Alpengeher hatten dem Treffen mit einer gewissen Spannung entgegengesehen. Sie, die Praxispioniere, wollten bei dem Wissenschaftler mal Dampf ablassen. Wie er denn auf die Idee komme, dass Menschen damals die Route entlang des völlig unwirtlichen Lechtaler Höhenwegs genommen haben könnten, so weit über der Baumgrenze mit ihrem schutz- und wärmespendenden Holz. Und überhaupt keinen Sinn mache auch Ötzis Grasmantel, „nach 20 Sekunden Regen war ich darunter nass", schimpft Ingo. „Ein Fellmantel ist da viel effektiver, wenn die Fellhaare nach unten zeigen. Da läuft das Regenwasser hervorragend ab."

„Nun: Der Grasmantel war wohl eher eine Grasmatte", meint Leitner, aber das hätte man eben auch erst nach und nach herausgefunden und auch darauf reagiert: „Die Grasmatte hängt auch im Bozener Museum nicht mehr um Ötzis Schultern, sondern liegt als Multifunktionsmatte zu seinen Füßen." Und was den Lechtaler Höhenweg angeht: „Damals waren die Temperaturen ein bis zwei

Grad höher und das bedeutete auch, dass die Baumgrenze viel weiter oben lag." Gut und gerne 300 Meter schätzen Wissenschaftler.

Dem „neolithischen Zeitverlust" auf der Spur

Sonntag, 3. September. Seit 21 Tagen sind sie nun auf Tour. Jetzt geht es das Ötztal hinauf, hinein ins Pollestal, über den Rettenbachferner hinüber nach Vent auf 1900 Meter. Von dort beginnt der lange Anstieg zum Tisenjoch, der Fundstelle des Gletschermannes und prähistorischer Übergang zwischen Ötz- und Schnalstal.

Kurz nach Umhausen wäre eigentlich Schluss. Wieder einmal. Wie schon so oft auf dieser Wanderung. Die Ötztaler Ache führt so viel Wasser und ist so wild, dass an eine Überquerung nicht zu denken ist. Gut, dass es heute so viele Brücken gibt ... Die Bäche und Flüsse, das hatte sich gleich in den ersten Tagen gezeigt, waren auf einer Steinzeittour die Zeitfresser Nummer eins. Ein Beispiel aus dem Pitztal: Dort hatte ich einmal versucht, den „Zeitverlust" zu messen.

Der Weg führte direkt auf die Pitze zu, weiter ging es auf der anderen Uferseite des etwa 15 Meter breiten Flusses. Um 11:11 Uhr trennen wir uns: Henning und Ingo bleiben auf dieser Seite und gehen am Ufer entlang, bis zu einer Stelle, wo das wilde Wasser, das immer wieder über Felsstufen nach unten schießt, etwas ruhiger wird. Ich bin in dieser Zeit über die Brücke gegangen und habe diese Stelle – aber auf der anderen Uferseite – nach fünf Minuten erreicht. Jetzt warte ich. Die beiden gehen ein Stück ins Wasser, zögern. Ihre Waden wirken wie Pfeiler, die das schnell fließende Wasser teilen. Man sieht den Druck, den das Wasser ausübt und man spürt die Unsicherheit der beiden. Ein falscher Schritt, ein Umknicken oder Ausrutschen und alles wäre nass. Und das wäre nur der beste Fall. Denn bei diesen Überquerungen könnte man sich sicher auch ziemlich schwer verletzen.

Die beiden haben sich eine andere Stelle gesucht. Henning geht als Erster. Nach jedem Schritt bleibt er stehen, stochert mit seinem Stock im trüben, aufgewühlten Wasser, um die Lage der glitschigen Flusskiesel am Grund einschätzen zu können, setzt dann den nächsten Schritt. Nach drei langen Minuten im kalten Wasser ist er drüben. Jetzt ist Ingo dran. Nicht auszudenken, wenn er jetzt ins Wasser fallen würde: Seine Lederkleidung, seine Fellschuhe, seine Mütze, das alles würde er nicht so bald wieder trocken bekommen und weiter oben kam der Schnee! Aber auch er schafft es, in fünf Minuten. Jetzt kämpfen sie sich das steile, von Brennnesseln und Brombeergestrüpp überwucherte Ufer hoch.

Um 11:53 Uhr kommen sie bei mir an. Ich habe für die Strecke von der Brücke bis hierher fünf Minuten gebraucht, sie 42.

Doch meist wären die Überquerungen noch viel komplizierter gewesen. Zum Beispiel in Fließ, zwischen Zams und Piller Sattel, überspannt eine alte Holzbrücke einen gut und gerne 20 Meter tiefen Tobel, beide Uferseiten fallen senkrecht ab. Wie um alles in der Welt wäre man da ohne Brücke rübergekommen? Es hätte nur eine Möglichkeit gegeben: die Schlucht so weit nach oben zu gehen, bis eine Überquerung möglich war, ganz egal, ob das eine Stunde oder gleich einen halben Tag wegfraß.

Zwei verschiedene Welten scheinen hier aufeinanderzuprallen.

Alles hat seine Grenzen!

Der 22. Tag bietet, bergatmosphärisch gesehen, den absoluten Tiefpunkt. Die beiden erreichen den Rettenbachferner: ein Sommerskigebiet mit gigantischem Parkplatz, jeder Menge Betonbauten, Pistenraupen, Liften, „Verhässlichung pur, eine gewaltige Zerstörung der Bergwelt", schreibt Harold Woetzel in sein Alpentagebuch, „deprimierende Bilder – was haben die Einheimischen für die Touristen aus diesem Teil der Alpen gemacht?" Was noch schwerer wiegt: Henning und Ingo haben keine Idee, wo sie hier übernachten könnten. Nach vergeblicher Suche fragen sie einige Angestellte der Bergbahn. Die zucken mit den Schultern und schicken die Männer in einen ölverschmierten Keller. Den beiden reicht's. Henning geht wütend auf die Suche, rüttelt an mehreren Türen: Ausgerechnet am gläsernen Pressezentrum hat er Glück – unverschlossen! Sie gehen durch die Gänge, stoßen eine der vielen Türen auf: Das sind die engen Kommentatorenkabinen für die Übertragung des Ski-Weltcups, dessen Saison traditionell auf dem Söldener Gletscher beginnt. Ingo wählt Kommentatorenkabine A 19, Henning A 20. Zwei Einzelzimmer: So luxuriös haben es die beiden schon lange nicht mehr gehabt.

Die Nacht darauf wird es dafür wieder umso steinzeitlicher werden. In Vent übernachten die beiden oberhalb des kleinen Bergsteigerdorfes unter dem Hohlen Stein, wie Schneiderküren in Vorarlberg eine steinzeitliche Jägerstation.

„Archäologische Funde zeigen, dass diese Region schon ab 8000 v. Chr. zu den Jagdrevieren mittelsteinzeitlicher Wildbeuter gehörte", hatte Wissenschaftler Walter Leitner erklärt, der auch diese Fundstelle ausgegraben hatte. Nur noch

Die steinzeitliche Jägerstation unter dem Hohlen Stein

zehn Kilometer Luftlinie vom Fundort entfernt, in einem Latschenkiefernhain auf 2050 Metern richten die beiden unter dem mächtigen, überhängenden Fels ihr Lager ein. In dieser Nacht wird die Temperatur deutlich unter null Grad Celsius fallen, die beiden werden es nicht merken, weil jeder vor dem Einschlafen noch einen heißen Stein vom Feuer unter seinen Fellmantel nimmt.

Der höchste Punkt, doch nicht der Höhepunkt

Am 7. September, dem 25. Tag der Tour gegen elf Uhr ist es so weit: Fast auf den Tag genau 15 Jahre nach seiner Entdeckung sind wir an der Fundstelle des Gletschermannes. Auf 3200 Metern, über dem Niederjochferner und unter der Finailspitze liegt diese Rinne, die den Körper vor den gewaltigen Reibekräften des Gletschers schützte. Es ist ein wunderschöner, warmer Tag – und der mystische Ort gleicht einem Rummelplatz. Gut hundert Bergtouristen durchkämmen auf

Bald erreichen Henning und Ingo eine denkwürdige Station ihrer Wanderung.

der Suche nach dem genauen Fundort die Umgebung, das Denkmal in der Nähe lässt die genaue Lage bewusst im Ungefähren. Doch rote Punkte und Striche an einigen Felsen verraten den Ort: Sie markieren die Stellen, an denen Ötzis Ausrüstungsgegenstände gefunden wurden.

Plötzlich, gegen zwölf Uhr, ist der Spuk vorbei: Wir sind allein an der Fundstelle. Und jetzt spürt man auch den Zauber dieses Ortes. Redaktionskollege Gerolf Karwath, der zusammen mit seinem Sohn Philipp, die Route als Vergleichsgruppe in moderner Ausrüstung abwanderte, beschreibt das in seinem Tagebuch so: „Glücklicherweise sind wir lange die Einzigen. Es ist immer wieder verblüffend, welche Ausstrahlung solche authentischen Orte haben, wenn man erst da ist; man hat das Gefühl, dass der Ort Geschichte ‚atmet', und man kann es spüren. Zum ersten Mal haben wir auch das Gefühl, es geschafft zu haben, und wir werden wehmütig, dass dieses Abenteuer nun bald vorbei sein wird."

So ähnlich empfinden es auch Ingo und Henning. Ab jetzt wird es nur noch bergab gehen, ins italienische Schnalstal und noch weiter hinunter ins Etschtal.

Und das heißt: Sie haben es geschafft! In nur 23 Tagen haben die beiden Protagonisten die gewaltige Strecke vom Bodensee bis hierher zurückgelegt, jetzt stehen sie auf 3200 Meter: Sie sind am höchsten Punkt ihrer Tour angekommen. Aber noch nicht am Höhepunkt: Der liegt in Bozen hinter einer Panzerglasscheibe, nackt und eisgekühlt.

Ingo und Henning an der Stelle, an der Ötzi gefunden wurde

„Vieille Cuisine" – oder: Essen wie Gott im Neolithikum

Im Dorf war mittlerweile die Erfolgsstory weitergegangen: Man sieht die Sippe oft am Feuer sitzen, die Kinder kuscheln, während die Erwachsenen Lindenbastschnüre drehen, nähen oder mahlen. Geschichten werden dabei erzählt, es wird viel gesungen – archaische, schöne Bilder. Martin und Olli haben auch begonnen, das dritte Haus weiterzubauen, zumindest ein Dach soll es bekommen. Sie spüren, dass in den nächsten Tagen Henning und Ingo wieder kommen werden und sie möchten ihnen eine Freude machen. Denn sie bringen ja höchstwahrscheinlich etwas mit von ihrer Reise, oder?

Übrigens: Weder die Dörfler noch die Alpengeher bekamen Informationen über die jeweils anderen. Ingo und Henning versuchten immer wieder herauszukommen, ob die anderen denn noch im Dorf seien oder ob sie vielleicht doch alles hingeworfen hätten. Aber wir hielten dicht. Schließlich gab es vor 5000 Jahren solche Informationen auch nicht.

Die Sippe im Dorf hatte währenddessen einen gewaltigen Kultursprung gemacht und den Kalender erfunden. Die Zeit wurde nicht nur an einem Ast am Türrahmen durch Einkerbungen markiert; auf eine Hauswand malten die Dorfbewohner mit Rötel eine Chronologie der Ereignisse, von den Wolkenbrüchen der ersten Tage über Verletzungen, Erntearbeit bis hin zum Marktbesuch

Olli bei der Arbeit: Auch das dritte Haus des Dorfs soll ein Dach bekommen.

Auf eine Hauswand gezeichnet: die Chronik des Steinzeitdorfs

in Weingarten. Auch die ersten Jagdversuche von Olli, der zusammen mit Harm Paulsen auf die Pirsch ging, sind dort verzeichnet. Zwar verbietet das Jagdgesetz selbst das Nachstellen des Wildes, doch die beiden haben es geschickt umgangen. Simon Philipson, ein Wasserbauingenieur, der die Umbauarbeiten am Teich betreut hatte und Jäger war, hatte sein Gewehr mitgebracht. Verabredet war: Wenn sie auf den kapitalen Rehbock stoßen würden, den Olli hier einmal gesehen hatte, würde Olli sich zwar ranpirschen, schießen aber würde Simon.

Bis zu diesem Ereignis muss sich die Sippe anderweitig ernähren, was ihr aber immer leichter fällt; sie befindet sich ja mitten in der Erntezeit und lebt wie im Schlaraffenland. Um die Zukunft brauchen sich die Dorfbewohner keine Sorgen zu machen, Ende September würden sie hier raus sein. Großartig Vorräte für den Winter anzulegen kommt ihnen nicht in den Sinn. Wozu auch?

Doch was kochte man eigentlich in der Steinzeit? In einem „Handbuch" für unsere Protagonisten hatten wir einige Steinzeitklassiker gesammelt:

Wie selbstverständlich leben und arbeiten die Protagonisten inzwischen im Dorf.

Emmergrütze

200 Gramm Emmerkörner mit 2,5 Deziliter Wasser in einen Topf geben und aufkochen. Den Emmer bei kleiner Hitze 30 Minuten weich kochen. Von der Feuerstelle nehmen und weitere fünf bis zehn Minuten quellen lassen. Wurde der Emmer zuvor vier Stunden im Wasser eingeweicht, so verringert sich die Kochzeit um zehn Minuten.

Birkenspaghetti

Die hellgelbe Innenrinde der Birke, das so genannte Kambium, enthält viel Zucker, Öl und Vitamine. Da-

Einfach, aber lecker: jede Menge Suppe für hungrige Steinzeitmenschen

raus kann ein Mehl hergestellt werden, das als Notration dienen kann. In Streifen geschnitten und gekocht schmeckt das Kambium ähnlich wie Spaghetti.

Die Burbergs hatten übrigens blitzschnell sehr vertraute Gerichte wie den „Getreideburger" oder „Hechtfrikadellen" kreiert. Die Rezepte einiger ihrer Lieblingsgerichte hat Claudia gesammelt:

Erbsensuppe

Über Nacht eingeweichte Erbsen, Getreideschrot zum Verlängern, Rübchen (sie erinnern gekocht an Kartoffeln), Speck, Schmalz, Huflattichsalz, Thymian, Bärlauchwurzel, Brennnessel, Sauerampfer über offenem Feuer etwa zwei bis vier Stunden kochen.

Gebackener Hecht

Hecht ausnehmen und säubern, mit Brennnessel und Thymian füllen und in den Ofen schieben. Dazu Salat aus Thymian, wilder Petersilie, viel Sauerampfer, Spitzwegerich oder Frauenmantel (wenig, da bitter) und einer Sauce aus Sahne, Huflattichsalz und gehackter Bärlauchwurzel.

Das Rezept für „Rehkeule im Lehmmantel" war allerdings aus den Burbergs nicht herauszubekommen. „Man muss auch noch seine Geheimnisse haben", meinte Claudia. Vielleicht begründen sie ja noch einen Ableger der „Nouvelle Cuisine", vielleicht die „Vieille Cuisine" – die „steinalte" Küche?

Die Alpentour: Vom Similaun nach Bozen

Wieso er dort oben auf dem Joch in den Ötztaler Alpen zu Tode kam, wird für die Wissenschaft wohl immer ein Rätsel bleiben. Wo der Gletschermann herstammte, ist für die Forschung dagegen leichter zu bestimmen. Pflanzenteile an der Ausrüstung und im Magen ließen den Schluss zu, dass Ötzi wohl ganz unten am Eingang des Schnalstales gelebt hatte, möglicherweise am Hang des Schlosses Juval, wo vor Jahren Reste einer jungsteinzeitlichen Siedlung ausgegraben wurden. Damit ist der weltbekannte Alpengeher Ötzi gleich in zweifacher Hinsicht mit einem anderen Weltstar der Berge verknüpft: mit Reinhold Messner.

Zum einen ist Messner der Eigentümer von Schloss Juval, also sozusagen der „Nachmieter" Ötzis, zum anderen war Messner im September kurz nach der Entdeckung zufällig an der Fundstelle vorbeigekommen – und hatte gleich getippt, dass das keine ausgeaperte, also vom Schnee freigegebene Alpinistenleiche war, sondern ein jahrhundertealter Sensationsfund.

Insofern drängte es sich geradezu auf, dass Ingo und Henning in Juval einen Stopp einlegten. Reinhold Messner war zwei Tage zuvor aus Pakistan zurückgekehrt und lud die beiden auf ein Vesper ein, streng steinzeitlich, wenn man einfach einmal annimmt, dass es Schüttelbrot und Rotwein bereits im Neolithikum gegeben hatte.

Fachsimpeln mit Reinhold Messner

Messner, immerhin der Mann, der als Einziger alle Achttausender ohne Sauerstoffmaske bestiegen hat, ist ehrlich beeindruckt von den beiden. „Wie habt ihr denn das da oben mit Holz gemacht", will er zum Beispiel wissen, „habt ihr das alles von unten mitgeschleppt?" Ingo erzählt, dass sie oft nur kleine Feuer gemacht hatten, nur um etwas zu kochen und ein paar Steine zu wärmen. „Und die nahmen wir dann unter den Mantel."

Messner hakt nach, fragt, will wissen. Vor dem Gespräch hatte er noch entschuldigend angekündigt, dass er nicht viel Zeit habe, leider, eine halbe Stunde vielleicht. Doch jetzt bestellt er eine Flasche Blauburgunder „Schloss Juval", und noch eine. Und noch eine. Die drei hocken an dem gescheuerten Holztisch vor der Gutsschänke und verstehen sich prächtig.

„Ich glaube, dass in Intelligenz, in Kunstfertigkeit und in unserem Naturverständnis seit damals nicht mehr viel dazugewonnen wurde", sagt Messner. Das

Risiko von Knochenbrüchen, der Grip der Schuhe, prähistorische Kämpfe um Weiderechte oder Frauen – alles wird durchgekaut, während die Nacht schon lange auf Schloss Juval herniedergesunken ist.

Der lange Abend hat Konsequenzen: Unsere beiden Alpengeher haben einen ordentlichen Kater, schließlich waren sie zuvor einige Wochen abstinent gewesen. Zudem hat Ingo Schmerzen in der Leiste. Beim Hochsteigen zum Heuschober hatte ihn plötzlich ein stechender Schmerz in der Leistengegend durchzuckt und nun ließ er nicht nach. „So kann ich auf keinen Fall gehen, ich kann das Bein nicht mal fünf Zentimeter anheben, ohne wahnsinnige Schmerzen zu haben."

Es folgt eine Autofahrt nach Meran. „Pronto Soccorso" – Erste Hilfe steht auf dem Eingang der Notfallklinik. Eine Stunde später hat Ingo den Befund: beginnender Leistenbruch. Das Team ist entsetzt. Nur Ingo nicht. „Was strahlst du eigentlich so?", will Harold Woetzel wissen. Na ja, meint Ingo, es sei nicht so schlimm, wie er befürchtet habe. Die Ärzte hätten gesagt, das müsse man schon operieren, aber nicht jetzt, später mal. Und jetzt habe er Schmerzmittel bekommen und wolle weiter.

Zurück in Juval gehen die beiden auf die letzten zwei Tagesetappen, den Weg das Etschtal hinunter nach Bozen. Keine schöne Strecke, viel Landstraße, viel Verkehr, wilde Rennradfahrerrudel, viel Sonne. Am zweiten Tag stellen die beiden ihren Streckenrekord auf: 40 Kilometer am Stück, in sengender Hitze und mit einem Leistenbruchhandicap. „Ich bin fix und alle, ich beiße halt die Zähne zusammen oder besser: die Füße." Eine Pause einlegen? Nein. Jetzt will Ingo da

Bergsteiger Reinhold Messner zeigt sich beeindruckt von den beiden Alpenwanderern.

durch und ankommen. Als die beiden abends dann am Ortschild Bolzano – Bozen stehen, strahlen sie um die Wette.

Nach einer Nacht in einem Weinberg gehen sie frühmorgens in die Stadt hinein zum Südtiroler Archäologiemuseum, wo die Gletschermumie liegt.

Zu Besuch beim Steinzeitmann aus dem Ötztal

Eduard Egarter Vigl, Chefpathologe am Regionalen Krankenhaus und Konservierungsbeauftragter für den Gletschermann, empfängt die beiden am Eingang und führt sie durch das Museum. An einer lebensgroßen Puppe, die Ötzis rekonstruierte Ausrüstung trägt, bleiben sie stehen. Drei „Ötzis" und der Mann, der großen Anteil daran hatte, dass die wahre Todesursache entdeckt wurde, der Pfeil in Ötzis Rücken.

Egarter Vigl nimmt einen Pfeil aus dem Köcher der Puppe und demonstriert den Hergang an Ingos Rücken: „Der Pfeil drang nur wenige Zentimeter ein, verletzte weder Herz noch Lunge und blieb etwa einen Zentimeter vor der Schlagader, die den linken Arm versorgt, stecken. Dabei entstand wohl ein Riss, aus dem rasch Blut austrat." Doch über Pfeilschussverletzungen weiß die Wissenschaft wenig; als sie über die entsprechenden Mittel und Methoden verfügte, waren Pfeil und Bogen schon längst von Gewehren abgelöst worden. „Wir haben im Grunde nur eine Literaturstelle gefunden, die aus dem Jahre 1820

Drei „Ötzis" im Südtiroler Archäologiemuseum in Bozen: Die Puppe trägt die rekonstruierte Ausrüstung des Gletschermanns.

stammt und die von den Kämpfen zwischen Indianern der damaligen amerikanischen Armee im Zuge der Entdeckung des Wilden Westens berichtet", erzählt Egarter Vigl. „Hier wird beschrieben, dass Pfeilschussverletzungen immer töd-

lich waren, wenn die Schlüsselbeinschlagader getroffen wurde und es zu einer Blutung aus dem Gefäß gekommen ist. Die Überlebenszeit wird mit zwei bis drei Minuten angegeben und so muss es auch beim Eismann gewesen sein."

Ein anderer interessanter Punkt ist die Konservierung der Leiche. „Wenn wir im Haushalt etwas dauerhaft konservieren wollten, würden wir es bei minus 20 Grad einfrieren", erklärt der Chefkonservator, „doch dann würde der Körper austrocknen und die DNA zerfallen."

„Heißt das, Sie brauchen eine gewisse Grundfeuchtigkeit?", fragt Henning.

Im Südtiroler Archäologiemuseum in Bozen

„Ja, es hat sich gezeigt, dass es bei minus 6,5 Grad sowohl kalt genug ist, um das Wachstum von Bakterien oder Pilzen zu verhindern, aber auch feucht genug ist, um den Körper nicht weiter auszutrocknen."

Wie schwierig dieser Job ist, erklärt der Pathologe an einem Beispiel: „Das Fenster, durch das die Museumsbesucher den Eismann anschauen können, ist ein großes Problem. Es ist eine permanente Wärmequelle; da es hier immer wärmer ist als an allen anderen Punkten der Eiskammer, entstehen Energieströme. Diese Thermik droht der Mumie ständig Feuchtigkeit zu entziehen."

Dann stehen Ingo und Henning allein vor dem Fenster. Wohl kaum einer der vielen Millionen von Besuchern war in der Lage, sich so in die Lebensbedingungen dieses Mannes hineinzuversetzen wie Ingo und Henning. Sie denken in diesem Moment an ihren Coach Thomas Patzleiner. Er hatte einmal geäußert, dass er sich vom Museum eines wünsche: dass der Gletschermann zugedeckt wird. Für den Tiroler ist es pietätlos, dass man einen Menschen nackt und bloß in einem Schaukasten den Blicken der Menschen aussetzt. Doch da ist auch noch die andere Seite. „Dieser Fund hat ad hoc klargemacht: Hier gab es eine Hochkultur in den Alpen, von der wir nichts wussten", hatte zum Beispiel Reinhold Messner gesagt. Ötzi ist wohl mehr als ein toter Mensch. Er hat die Bedeutung eines ersten richtig großen Fensters in die Geschichte unserer Kultur.

Eine Begegnung der besonderen Art auf dem Wochenmarkt in Bozen

Nachdenklich verlassen Henning und Ingo das Museum, um ihre letzte Aufgabe zu lösen: Sie müssen bei ihrer Heimkehr etwas mitbringen, etwas, was die Freunde im Dorf wirklich brauchen. Salz, Kupfer, Feuerstein wäre es wohl in der Jungsteinzeit gewesen, doch die beiden hatten schon vorher beschlossen, nur etwas mitzubringen, was ein heutiges Herz zum Schlagen bringen könnte. Auf der Piazza dell'erbe ist Wochenmarkt. Die beiden Männer gehen von Stand zu Stand und tauschen die Dinge weg, die sie nicht mehr brauchen: Pfeilspitzen gegen Zitronen, Schaffelle gegen Speck und Käse.

Dieser 12. September ist der 30. Tag ihrer Tour. Rund 300 Kilometer und viele Tausend Höhenmeter haben sie bewältigt, sind durch eiskalte Bäche und durch hüfthohen Schnee gewatet. Sie und wir wissen jetzt: Es geht! Man kann mit dieser Ausrüstung selbst unter widrigsten Bedingungen im Hochgebirge bestehen. „Vielleicht", meinte einmal ein Kollege, „war ja Ötzi gerade auf dem Weg zum Bodensee, als ihn der Pfeil traf." Vielleicht.

Am Ziel: Ingo und Henning erhalten die begehrte Ware gegen Pfeilspitzen und Schaffelle.

Das erste Metall

Die Gewinnung und Verarbeitung von Metall entstand im Vorderen Orient. Hier sind ab dem ausgehenden 9. Jahrtausend v. Chr. die ersten Kupfergegenstände greifbar: einfache Schmuck- und Geräteformen wie Perlen und Ahlen. Zuerst verwendeten die Schmiede natürlich entstandenes Kupfer. Da die Vorkommen von metallischem Kupfer aber selten sind, entwickelte sich die Kupferverarbeitung erst, als man lernte, dieses Metall auch aus Erzen zu gewinnen. Bis dahin verging einige Zeit: Schlacken als Anzeichen einer Verhüttung von Kupfererzen sind in Vorderasien erst für das 5. Jahrtausend v. Chr. nachgewiesen.

Noch im selben Jahrtausend entfaltete sich im erzreichen Südosteuropa eine Metallurgie, die ihre fortschrittlichen Produkte in den traditionelleren Westen verhandelte. Die frühesten Kupferfunde sind in Südwestdeutschland um 4300 v. Chr. belegt. Zuerst waren es kleine Objekte, Perlen oder Ringe aus dünnem Blech, die hier aus importiertem Rohmaterial hergestellt wurden. Bald darauf setzte aber eine eigenständige Kupferproduktion ein. Jüngst konnten Archäologen in Brixlegg in Tirol Kupferschlacken aus der Zeit um 4000 v. Chr. bergen, die von der Ankunft der Technologie in den östlichen Alpen zeugen. Es dauerte eine Weile, bis sie schließlich die westlichen Alpen erreichte. Erst ab 3200 v. Chr. finden sich hier Hinweise auf Metallurgie. Ähnliche Verzögerungen in der Ausbreitung der neuen Techniken stellten Archäologen nach Norden hin fest. Die Kupfererzlagerstätten in Nordhessen etwa wurden von den Neuerungen erst zu Beginn des 3. Jahrtausends v. Chr. berührt. Nicht jede Kultur scheint dem technologischen Fortschritt offen gegenübergestanden zu haben. In Abhängigkeit von den Kommunikationsrouten der Zeit schafften es Neuigkeiten in manche Gebiete einfach schneller als in andere, abseits gelegenere.

Statussymbol Kupfer

Aus dem neuen Werkstoff wurden zuerst Schmuckstücke, aber auch Dolche und Beile hergestellt. Doch ist Kupfer zu dieser Zeit noch kein alltägliches Material. Unter den gesamten jungsteinzeitlichen Funden Deutschlands gibt es nur einige Hundert, meist kleinformatige Kupferfunde. Das neue Metall blieb selten und kennzeichnete den Status des Besitzers. Auch das kupferne Beil des Mannes vom Hauslabjoch, der vor 5300 Jahren in den Südtiroler Bergen ums Leben kam, interpretieren Archäologen als Rangabzeichen. Der Mann trug neben einer Jagdausrüstung mit Pfeil und Bogen und einem vielfach nachgeschärften Feuersteinmesser ein Beil mit Kupferklinge. In einer Zeit, als die meisten Männer noch Steinbeile besaßen, lässt ein kupfernes Exemplar auf eine hohe gesellschaftliche Stellung des Trägers schließen.

Erst in der Frühbronzezeit stieg die Kupferproduktion deutlich an. Es dauerte Jahrhunderte, bis sich Metall gegen Stein als Werkstoff durchsetzte.

Nach acht Wochen verabschiedet sich die Sippe von ihrem Steinzeitdorf und kehrt in das Leben des 21. Jahrhunderts zurück. Doch ist das überhaupt so einfach möglich? Die Protagonisten erzählen, wie der Ausflug in die Steinzeit in ihnen weiterwirkt. Inzwischen haben die Wissenschaftler die Aktometer und Zahnuntersuchungsbefunde ausgewertet und sind überrascht ...

Die Alpentour:
Retro-Event oder realistische Zeitreise?

Ein Supertrip, ein Traum von Outdoor und Adventure: Mit dem Einbaum über den Bodensee, und dann zu Fuß, quasi als Experimentalarchäologen, in Ötzis Outfit über den Alpenhauptkamm, über nackten Fels, Geröll, Gletscher, durch Neuschneelawinen, wilde Bergbäche und -wälder – einfach cool, oder?

Aber wie viel hatte diese Tour nun mit der Steinzeit zu tun? Zum Beispiel, als der Einbaum kenterte, kurz nach Verlassen des Ufers bei Eriskirch. Damals hätte man vielleicht noch zwei, drei Tage gewartet, bis das Wasser wirklich wieder spiegelglatt gewesen wäre, es gab auch keine weiße Flotte, die kippelige Wellen erzeugt hätte, damals wären auch, möglicherweise, die Wände des Einbaums dünner gewesen und er hätte somit tiefer und stabiler im Wasser gelegen... Wäre, hätte, könnte.

War die Tour von Ingo und Henning nun 100 Prozent Steinzeit pur? Oder nur ein Retro-Event, inspired by 2006?

Schnee und Eis diktierten die Reisezeit

Eine kleine Spielerei mit dem Faktor Zeit zeigt, wie schwer man sich heute tut, wenn man die Umstände früherer Zeiten nachvollziehen möchte. Ingo und Henning waren in einem gewissen Zeitdruck. Abgesehen davon, dass es einen an immensen Drehkosten orientierten Zeitraum gab, in dem wir hofften, dass die beiden es nach drüben schaffen würden: Unsere Wanderer waren so spät dran, dass sie in der zweiten Septemberwoche ins Südtiroler Schnalstal hinabsteigen würden, in einem Zeitraum, in dem auch der weltberühmte Schaftrieb vom Ötz- ins Schnalstal stattfinden würde. Rund 1900 Tiere würden dann über eine 3000 Meter hohe Scharte von ihrem Sommer- ins Winterquartier getrieben werden. Der Termin dafür stand schon lange fest: der 11. September. Seit Jahrhunderten erfolgt der Schaftrieb um dieses Datum herum. Und danach, so lautet die eiserne Regel der Alpenbauern, haben Lebewesen da oben nichts mehr zu suchen; denn ab diesem Zeitpunkt ist das Leben in über 2000 Metern aller Erfahrung nach zu gefährlich.

Für Ingo und Henning hieß das: Sie kamen eigentlich auf den letzten Rutsch hinüber, der Weg zurück wäre ein gewaltiges Risiko gewesen. Temperaturstürze, Schnee und Eis hätten sie ständig überraschen können – wie gut, dass wir sie mit dem Hubschrauber zurückbrachten. Aber nehmen wir an, sie hätten den Rückweg auch zu Fuß zurückgelegt, also zweimal dreißig Tage plus ein paar Tage Aufenthalt im Vinschgau: Dann hätten sie, um Mitte September die Berge hinter sich zu haben, bereits um den 9. Juli herum am Bodensee losgehen müssen, zu einer Zeit, als die hoch gelegenen Wege gerade erst seit vielleicht zwei Wochen schnee- und eisfrei waren. Damit hat die Alpentour auch eine zeitliche Begrenzung nach vorne: Wenn unsere beiden beschlossen hätten, früher loszugehen, dann wäre ihr Zeitpolster für Wartezeiten bei Schlechtwetter oder Verletzungen gerade einmal 14 Tage dick gewesen. Die Alpentour – ein Termingeschäft. Unter Zeitdruck. Stress.

War das aber damals, in unserem Zeitfenster 3300 v. Chr., genauso? Zunächst einmal wissen wir: Damals war es wärmer. Die Alpengletscher hatten sich weit zurückgezogen. Heißt das aber nun, dass man mehr Zeit zur Verfügung hatte und so eine 60-Tage-Tour bei Bedarf gefahrlos verlängern konnte? Das Schicksal Ötzis widerspricht dem. Wir wissen durch die Pflanzenreste, die sich in seinem Magen oder in seiner Kleidung befanden, dass er Ende Juni/Anfang Juli gestorben sein muss. Und wir wissen, dass er kurz nach seinem Ableben zugeschneit wurde. Das heißt, es gab schon damals – mitten im Hochsommer – auf 3200 Metern Schneefälle. Und dieser Schnee blieb liegen. Und er taute auch im nächsten Sommer nicht weg. Und auch nicht im übernächsten. Und auch nicht in allen nachfolgenden Sommern bis zum Jahr 1991, als das Ehepaar

Im Schnalstal gilt: Nach dem Schafabtrieb Mitte September wird es oberhalb 2000 Meter für Mensch und Tier gefährlich.

Simon auf dem Hauslabjoch entlangwanderte und den Leichnam aus dem Eis ragen sah.

Wenn sich also um 3300 v. Chr. in Europa wirklich ein sprunghafter Klimawechsel einstellte und das bis dahin herrschende Wärmeoptimum beendete, dann wird das auch Konsequenzen auf die Tourplanung steinzeitlicher Alpengeher gehabt haben. Sie werden ihre Wanderungen wohl in einen zeitlichen Rahmen gelegt haben, der risikoarm schien. Und damit dürften auch sie einen gewissen Zeitdruck gehabt haben.

Ein Stier als Reiseproviant

Ansonsten war wohl kaum etwas so wie vor 5000 Jahren. Natürlich gab es keine Brücken, Heuschober, Alpenvereinshütten oder Fernsehkommentatorenhäuschen. Auch fotografierwütige Touristen nicht, die für ein originelles Bild gerne ihr Käsebrot hergaben. Und vielleicht wäre ja ohne die ärztliche Hilfe im Lechtal oder in Meran für Ingo Schluss gewesen. Aber auch die Landschaft hätte anders ausgesehen: Die Täler wären damals zugewucherte, undurchdringliche Dschungel gewesen, die Wälder hätten sich bis zu 300 Meter höher hinaufgezo-

Die leidigen Fußprobleme: Ohne ärztliche Hilfe hätte Ingo das Ziel wohl nicht erreicht.

Mit Pfeil und Bogen zu jagen bleibt Hennings unerfüllter Wunsch.

gen, was zumindest den Vorteil gehabt hätte, dass man auf dem Lechtaler Höhenweg – wäre er damals so ein „alter Weg" gewesen – sehr viel näher an der Waldgrenze und damit am rettenden Holz gewesen wäre als heute. Und das Wichtigste: Unsere Vorfahren waren ganz sicher aus einem anderen Holz geschnitzt als wir.

Und noch etwas war mit Sicherheit damals völlig anders, die Ernährungssituation. Unsere beiden Alpengeher verputzten auf ihrer Tour einen ganzen Stier, zumindest was das Frischgewicht angeht. Thomas Patzleiner und seine Mitarbeiter, die für die Alpengeher das Trockenfleisch für den Reiseproviant herstellten, brauchten 135 Kilo Frischfleisch, so viel, wie ein guter Metzger aus einem Stier herausholt. Dazu kamen noch sechs Kilo Pemmikan. Es wäre unmöglich gewesen, dies alles zu transportieren. Ingo und Henning hatten es 2006 dagegen gut: Sie bekamen immer wieder von uns ihre neuen Rationen; anders wäre es nicht gegangen, da ja das Jagen mit Pfeil und Bogen streng verboten ist. Damals jedoch gab es keinen SWR und das hätte bedeutet, dass zu den Marschzeiten noch viele Stunden für Jagd und Konservierung hinzugekommen wären.

Spätes Jagdglück und die Erkenntnis, dass Tanzen eine Risikosportart ist

Am 14. September, dem 32. Tag der Alpentour und dem 46. des Gesamtprojektes, sind alle wieder zusammen. Gegen 16 Uhr landet der Hubschrauber, der Ingo und Henning zurückbringt, auf der Wiese vor dem Wald. Wir hatten uns deshalb für den Hubschraubertransport entschieden, weil wir den Rückflug gleich für Luftaufnahmen der wichtigsten Stationen nutzen konnten. In zwei Stunden flogen so Ingo und Henning die Route ab, für die sie über einen Monat gebraucht hatten.

Als der Helikopter kurz vor der Landung noch eine Ehrenrunde über das Dorf fliegt, gibt es kein Halten mehr. Die Erwachsenen und Kinder stürmen zum Eingangstor und da kommen die beiden auch schon entgegen. Vor allem Claudia ist aus dem Häuschen. Jubelnd schließt sie Henning in die Arme, dann Ingo: „Ist ja noch alles dran ..." Und Ingo bringt nur ein „unglaublich, unglaublich" heraus.

Dann, am Dorfplatz, geht es zu wie bei der Verkündung der Mannschaftsaufstellung durch den Stadionsprecher: Jedes Mitbringsel, das die beiden aus ihrer Kraxe holen, wird lautstark und vielstimmig gefeiert. Die absoluten Stars sind die Zitronen: „Was für eine wunderschöne Farbe!", ruft Claudia dazwischen. Stimmt: Ein solch leuchtendes Gelb hat sie vielleicht gerade mal auf ihrem Trip zum Markt in Weingarten gesehen, nicht aber hier am Weiher, wo alles eher in dezenten Erdfarben gehalten ist. Abends am Feuer wird erzählt. Es gibt Speck und Käse aus Norditalien und Fladenbrot aus dem Dorf. Als der Schinken alle ist, meint Olli leichthin: „Mist, jetzt müssen wir doch noch ein Reh schießen."

Henning ist sofort hellwach. Da will er mit. Und so durchkämmen frühmorgens Olli und Henning den Wald rund um das Fuchsenloch. Zusammen mit Harm und Simon hatte Olli in den Tagen davor schon einen kapitalen Rehbock gesichtet. Doch der Bursche wollte und wollte einfach nicht nahe genug herankommen. Am zweiten gemeinsamen Jagdtag, für Olli ist es bereits der fünfte, ist es so weit. Der Rehbock ist unvorsichtig geworden und hat sich dem Versteck der Männer so

Wieder im Dorf: Ingo hat von der Alpentour viel zu berichten.

Selbst für die Kinder scheint Fischen, Jagen und Schlachten inzwischen zum Alltag zu gehören.

weit genähert, dass Henning, der hessische Langbogenschütze, ihn mit einem Pfeil von den Beinen holen könnte. Doch stattdessen peitscht ein Schuss durch den Wald: Simon, der Jäger mit Lizenz, hat geschossen. Der Rehbock bricht in die Knie, kommt wieder auf die Beine und versucht, sich in den Wald zu retten. Die Männer folgen der Blutspur, sie müssen nicht lange suchen. „Das Tier hat einen Schock bekommen und spürte deshalb keinen Schmerz, auch wenn es noch einige Meter flüchten konnte und sich erst dann zum Sterben niederlegte", meint Simon. Jetzt erweisen sie dem Tier die letzte Ehre, dann wird die Beute ins Dorf gebracht, ausgenommen und zerteilt. Bald ist das Fell aufgespannt und gegerbt, wenig später gibt es die geheimnisumwitterte Rehkeule im Lehmmantel.

Die Kinder stecken die Begegnung mit dem toten Tier erstaunlich gut weg. Sicher: Olli schlachtet seine Schafe selbst, um das Fleisch zu Wurst zu verarbeiten und zu verkaufen; seine Kinder kennen das bereits. Aber auch die drei Burberg-Jungs reagieren mit Gleichmut. Offenbar ist die Steinzeit mit ihren Gesetzen für sie ein Stück weit zur Normalität geworden: Jagen, Fischen, Schlachten, Sammeln – all das hat seinen exotischen Hauch verloren und gehört nun zum Alltag.

Abschied vom Steinzeitdorf

Sonntag, 24. September. Der letzte Tag. Regisseur Martin Buchholz hat mit den Protagonisten Folgendes besprochen: „Wenn ihr so weit seid, dann verlasst ihr das Dorf. Wir werden nicht mit euch hinausgehen, die Kamera wird hier bleiben und alles festhalten, was ihr zurückgelassen habt."

So will Buchholz auch den Fernseh-Vierteiler beginnen: Mit Bildern aus dem verlassenen Dorf. Und mit Fragen: Wer hat hier gelebt? Welche Geschichte erzählen diese Dinge, die herumliegen oder -hängen? Wie ein Archäologe will er bei seinem Film vorgehen.

Den ganzen Vormittag schon ist auf dem Dorfplatz und in den Häusern reges Treiben: Jeder packt und räumt zusammen, Ingo kratzt noch einen Topf aus, Britta spült, an den Wänden hängen ihre durchgelaufenen Schuhe, der Lederball, den Sophia für die Kinder gemacht hat, liegt einsam auf einem Balken, in den Pferchen wundern sich vier Ziegen, zwei Rinder und ein übrig gebliebenes Wollschwein darüber, dass heute alles anders ist.

Gegen 10:30 Uhr versammeln sich alle ums Feuer. Ein Lied wird gesungen, dann holen die Kinder Wasser aus dem Weiher und kippen es in die Flammen.

Der Kalender ist abgelaufen und die Zeit im Steinzeitdorf geht zu Ende.

Wie eine Explosionswolke schießt der zischende Rauch nach oben. Die dreizehn drehen sich um und gehen den Weg, den sie vor 56 Tagen gekommen sind, zurück.

Vor dem Tor, das zurück in die Zukunft führt, wartet eine kleine Überraschung. Auf einem Tisch stehen mehrere Platten voller Dinge, auf die unsere Protagonisten acht Wochen lang verzichten mussten: Ananas, Bananen, Orangen, Brezeln, Allgäuer Seelen mit Butter und, und, und …

Während sie da so stehen, essen, erzählen und sich freuen, da werden nach und nach immer mehr Augen feucht. Das Experiment ist zu Ende.

Währenddessen geht Harm Paulsen durchs verlassene Dorf und zieht für die Kamera Bilanz. „Die größte Leistung war, acht Wochen lang nicht nur zu überleben, sondern sich auch zu vertragen." Seine Erfahrung aus vielen Steinzeit-Exkursionen ist da anders: Wenn Menschen Mangel leiden, beginnen sie oft, auf irgendjemandem herumzuhacken. Die Mitglieder der Burberg-Sippe dagegen sind zusammengerückt und in ihre Aufgabe hineingewachsen.

Was die Zukunft des Dorfes angeht, urteilt Harm weitaus düsterer: „Da die Ernte nur zum Teil eingebracht wurde, würden die Menschen im Januar nicht mehr leben." Dann fügt er hinzu: „Oder nicht mehr hier leben." Sein Szenario: Anfang Januar würde nach und nach das Essen ausgehen, es bliebe

Die Fernsehleute haben ihren Job gemacht und können ihre Kameras nun einpacken.

dann nur die Möglichkeit zu jagen, einmal angenommen, es wäre erlaubt. Der spärliche Wildbestand unserer Wälder würde die Not wohl nicht lindern. Dann kämen zunehmende Schwäche, erste Krankheiten mit ersten Toten. Die Leute frieren immer mehr, rücken in ihren Hütten enger zusammen, heizen immer kräftiger ein, was das Risiko eines Brandes stark vergrößert. „Und wenn es draußen dann einmal minus 15 Grad hat, spürt man den Tod nicht mehr kommen. Man wird einfach müde und schläft ein ..."

Stopp! Und zurück in den jetzt doch noch sommerlichen September 2006. Keiner war erfroren, keiner war zu Schaden gekommen, das heißt, zumindest nicht im laufenden Experiment. Am Abend danach schon. Leider. Wir hatten ein kleines Abschlussfest organisiert und je weiter die Uhr vorrückte, umso ausgelassener wurden vor allem die beiden Junggesellen Ingo und Henning. Beim wilden Tanzen passierte es dann: Henning trat auf eine Holzleiste, knickte um, tanzte zuerst noch weiter, doch bald danach war der Knöchel armdick angeschwollen.

Am nächsten Tag – unsere Protagonisten waren mittlerweile vom Fuchsenloch zur Nachuntersuchung an der Universität Freiburg gebracht worden – servierten die Sportmediziner Henning die Diagnose: Bänderriss. Die nächsten Wochen würde Henning an der Krücke gehen müssen.

Bei unserer Drehabschluss-Pressekonferenz am Nachmittag konnte sich der Sportmediziner Prof. Aloys Berg einen ironischen Kommentar nicht verkneifen: „Die Art und Weise, wie dieser Bänderriss zustande kam, zeigt, dass das Freizeitrisiko 2006 anscheinend höher ist, als das Risiko vor 5000 Jahren den Alpenhauptkamm zu überqueren."

Auf der Pirsch

Der altsteinzeitliche Mensch hatte sich während der Eiszeiten auf die Verfolgung wandernder Herden spezialisiert. Die offenen Lösssteppen der Eiszeit boten genügend Futter für große Pferde- und Rentierherden. Der strahlend blaue und wolkenlose Himmel des trockenen Eiszeitklimas führte zu großen Temperaturunterschieden zwischen Tag und Nacht, aber auch zwischen Sommern, in denen es bisweilen wärmer als heute war, und eiskalten Wintern. Die Tiere reagierten in weiten, jahreszeitlichen Wanderungen auf die unterschiedlichen Witterungsverhältnisse. Sie durchzogen Europa auf immergleichen Wegen, was den altsteinzeitlichen Jägern erlaubte, die Herden an geeigneten Stellen abzupassen. Es wurden spezielle Jagdlager an den Wanderwegen der Herden angelegt, die jeweils nur einer einzigen Tierart galten.

Vom Jagdglück der Eiszeitjäger

Wie effektiv dieses Jagdsystem funktionierte, zeigen Jagdlager wie Amvrosievka in der östlichen Ukraine. Dort haben Archäologen die Knochen von 1000 erjagten Wisenten gefunden. Ein weiteres beeindruckendes Beispiel ist der Felsen von Solutré bei Mâcon in Frankreich. An einer Engstelle passten die Jäger Pferdeherden ab, die alljährlich von den Sommerweiden im Bergland von Mâcon zur Überwinterung in das breite Tal der Saône zurückkehrten. Die Massen von Knochen unzähliger Pferde am Fuße des Felsens sind beredte Zeugen des Jagdglücks der altsteinzeitlichen Menschen.

Für die Herdenjagd erfand der Mensch der ausgehenden Eiszeit eine geniale und besonders effektive Waffe. Der bisher verwendete Wurfspeer hatte nur eine Reichweite von 15 Metern. Dazu musste man nahe genug an die fliehenden Tiere herankommen. Um sich die Arbeit zu erleichtern, entwickelten die Jäger nun einen Stock mit Widerhaken, von dem der Speer abgeschleudert wurde. Durch diesen zusätzlichen Hebel konnte der Speer doppelt so weit geworfen werden und besaß eine größere Durchschlagskraft.

Das Glück der letzten Eiszeitjäger hätte angedauert, wäre nicht eine drastische Klimaveränderung eingetreten.

Es wird wärmer

Um 9500 v. Chr. begann die Nacheiszeit und damit die Mittelsteinzeit (Mesolithikum). Das Klima wurde in kürzester Zeit wärmer und feuchter. Innerhalb eines Menschenlebens stiegen die Temperaturen im Jahresmittel um bis zu sechs Grad Celsius. Damit änderte sich die Vegetation und in der Folge auch die Tierwelt dramatisch. Der Mensch wird keineswegs erfreut über das wärmere Klima gewesen sein. Nun breiteten sich Wälder aus. Die großen Herden wanderten nach Norden ab, dorthin, wo sie noch Steppen finden konnten. Damit

Ab dem Ende der Mittelsteinzeit verwendeten die Jäger zunehmend trapezförmige anstatt der bisherigen dreieckigen Pfeilspitzen.

wurde dem Menschen seine Hauptnahrungsquelle entzogen. Statt großer Pferde- oder Rentierherden gab es jetzt scheues Standwild wie Auerochsen, Hirsche, Rehe oder Wildschweine im Wald. Die bewährte eiszeitliche Taktik der Treibjagd in Gruppen ließ sich nun nicht mehr erfolgreich anwenden, denn in der kleinräumigen Waldlandschaft fehlte die Fernsicht. Die Jäger mussten sich jetzt einzeln an die Tiere heranpirschen.

Mit Pfeil und Bogen

Doch Not macht erfinderisch. Die Menschen entwickelten schon in den ersten wärmeren und bewaldeten Phasen am Ende der Eiszeit eine neue, die Jahrtausende überdauernde Waffe, mit der man zielgenau über weite Distanzen schießen kann: Pfeil und Bogen. Waren die Pfeilspitzen zu Beginn spitze Steineinsätze in Holzschäften, so änderte sich das am Ende der Mittelsteinzeit. Die Wälder wurden zunehmend dichter und undurchdringlicher. Die Menschen waren gezwungen, ihre Jagdmethoden weiter zu verfeinern. Statt dreieckiger Pfeilspitzen verwendeten sie jetzt häufiger trapezförmige Einsätze. Abnutzungsspuren beweisen, dass diese mit der Querseite nach vorne in den Pfeil montiert wurden. Auf den ersten Blick scheint diese Bewehrung ungewöhnlich, doch erweist sie sich als sehr effektiv. Ein gefiederter Pfeil, der sich beim Abschuss dreht, reißt, mit einem solchen Querschneider bewehrt, eine stark blutende Wunde. Die verletzte Beute kann nicht mehr weit fliehen und hinterlässt dazu noch eine Blutspur, die der Jäger mit seinem Hund im Unterholz bestens verfolgen kann. Die neue Pfeiltechnik scheint sich so gut bewährt zu haben, dass sie bald nach ihrer Erfindung im Süden in ganz Mitteleuropa bis nach Norddeutschland und Skandinavien zu finden ist. Und auch in den Siedlungen der ersten jungsteinzeitlichen Bauern waren die trapezförmigen Pfeile für die Jagd im dichten Wald immer noch beliebt.

Kann man Steinzeit noch „herstellen"?

8. Mai 2006. „Ordnung muss sein", meinte Michael Weber aus der SWR-Schreinerei und nagelte den roten Punkt an eine Birke: die amtliche Freigabe für den Aufbau unseres Steinzeitdorfes. Bei diesem hoheitlichen Akt, aber auch schon vorher, kamen Zweifel auf, ob man Steinzeit heute überhaupt „herstellen" kann. Zu viel hat sich seit Ötzis Zeitalter geändert. So konnten zum Beispiel unsere Protagonisten nicht einfach aus den Quellen rund um den Weiher trinken, denn die hatten nicht das behördliche Siegel „Trinkwasser". Die Überdüngung der umliegenden Wiesen und Felder hatte zu einem erhöhten Phosphatgehalt des Sees geführt. Die Folge: Wir mussten eine Trinkwasserleitung legen.

Auch durften Teile des Geländes nicht oder nur auf bestimmten Pfaden betreten werden, weil dort geschützte Pflanzen wachsen. Und auch in der Fauna ist es nicht mehr wie in der Steinzeit: Nur Menschen mit Jagdschein dürfen heute Tiere jagen und nur mit Gewehr. Pfeil und Bogen sind strikt verboten.

Außerdem: Im Neolithikum war es wohl ein bis zwei Grad Celsius wärmer und sicher wuchsen Pflanzen, die es heute nicht mehr gibt und die wir nicht mehr verwenden können, zum Beispiel zum Dachdecken. Womit also sollten wir 5000 Jahre später die drei Pfahlbauten unseres Steinzeitdorfs decken? Auch stellte sich die Frage, ob damals manche Frucht durch die günstigeren Bedingungen nicht viel häufiger vorkam und das Sammeln weniger aufwändig war als heute in derselben, nur etwas kühleren Gegend.

Das ganze Experiment war gespickt mit solchen Unwägbarkeiten. Doch es ist immer eine Frage des Blickwinkels: Ist es schlimm, wenn man bestimmte Dinge nicht weiß oder wenn die Dinge nicht perfekt zusammenpassen? Oder ist es vielleicht sogar aufregend, immer wieder an Punkte zu gelangen, an denen sich auch die Wissenschaftler die Zähne ausbeißen? Wir Wissenschaftsredakteure sahen die Mauern, gegen die wir immer liefen, nicht als Hindernisse, sondern als Möglichkeiten. Möglichkeiten, die oft kriminalistisches Nachdenken erforderten, die oftmals aber auch in fröhlichster Spekulation endeten.

Unter den vielen Dingen, die heute anders sind als damals, ragt eines besonders heraus: unser Kopf. Oder vielmehr das, was drinnen ist: die „Programmierung". Und die war vor 5000 Jahren mit Sicherheit völlig anders als heute. Wenn ein Steinzeitmensch durch seine Welt ging, musste er sie anders wahrnehmen, als wir das heute tun würden.

Ein gutes Beispiel dafür ist der „Baumarkt"-Blick: Wo wir heute Bäume, Büsche oder Grünzeug sehen, blickt der Steinzeitmensch in eine Holzabteilung: Mit Naturromantik hatte sein Leben wohl wenig zu tun. Vielleicht hat er ja wirklich die lauen Sommerabende am Weiher im Kreise seiner Familie genossen,

Mit Naturromantik hatte das Leben des Steinzeitmenschen wohl wenig zu tun.

nur: „Wir können die Knochen eines Steinzeitmenschen ausgraben, aber nicht seine Seele", pflegte unser Instructor Harm Paulsen immer zu sagen. Wir können aber davon ausgehen, dass das Leben damals ein immerwährender Kampf gegen die Natur war: Sie schenkte ihm nichts, er musste ihr das, was er brauchte, mühsam abringen, durch Arbeit und nochmals Arbeit.

So besehen haben Dinge damals möglicherweise eine andere Bedeutung gehabt oder eine andere Wertung erfahren. Zum Beispiel das Problem unserer Sippe mit dem Entspelzen. In einer größeren Gruppe war diese Schwierigkeit vielleicht gar nicht existenziell. Möglicherweise waren sechs oder zehn ältere oder kampfversehrte Menschen den ganzen Tag über mit nichts anderem beschäftigt, als zu entspelzen und zu mahlen, so Zeit raubend es auch gewesen sein mag. Bei nur sieben Erwachsenen kann das dagegen schnell zum Problem werden, vielleicht auch nur deshalb, weil unser Effizienzdenken es nicht zulässt, dass man für die Brotherstellung so viel Arbeitskraft investieren muss.

Ein ähnlicher Punkt ist das „Gewährleistungsdenken" unserer Jetztzeit-Hirne, die Frage nach dem Verantwortlichen einer Panne, etwa des undichten Dachs im Dauerregen: Wer ist dafür verantwortlich? Wer muss Garantie leisten?

Die Menschen in der Jungsteinzeit mussten wohl anders denken. Wenn ein System den Bedingungen nicht mehr genügte, musste es optimiert werden. Und das machte man dann. Ohne Wenn und Aber und ohne Herstellerhaftung.

Living Science – Was kam raus?

Das für uns überraschendste Ergebnis war: Die Kinder hatten nach dem Steinzeitexperiment Karies! Und wir in der Redaktion waren felsenfest davon überzeugt gewesen, dass genau das nicht eintreten würde. Acht Wochen ohne Zahnbürste sind natürlich nicht gerade das Zahnhygieneoptimum, aber acht Wochen ohne den bösen Industriezucker, das würde doch sicher alles wettmachen. Und schließlich: Ötzi hatte zwar allerhand Blessuren, aber Karies hatte er nicht. Damit war die Sache doch eigentlich klar, oder?

Aber so einfach ist das mit der Wissenschaft nicht. Dass die Kinder Karies hatten und alle Probanden Zahnfleischentzündungen davontrugen, „deckt sich mit den Erkenntnissen an den spätneolithischen Skelettfunden. Hohe Kariesintensi-

tät und ein hoher Anteil an Zahnverlusten zu Lebzeiten kann hiermit übereinstimmen. Hauptsächlich kann die Nahrungszusammensetzung mit einem hohen Kohlenhydratanteil, insbesondere Glucose, aber auch die Hafteffekte der Nahrung (Getreidebrei, Honig et cetera) hier verantwortlich gemacht werden", schreibt Ursula Wittwer-Backofen, Professorin am Institut für Humangenetik und Anthropologie an der Universität Freiburg.

Kohlenhydrate im Getreidebrei machen nicht nur satt, sondern „nähren" auch die Zahnfäule.

Das muss man kurz sacken lassen: Vollwertgetreide als Auslöser von Karies? So sieht es aus, leider: Erst mit dem Getreideanbau in der Jungstein-

zeit fing der Siegeszug der Zahnfäule so richtig an. Nun ist doch aber „Getreide" oder „Vollkorn" geradezu ein Synonym für Natürlichkeit und Gesundheit. Was macht Emmer, Einkorn oder Nacktweizen so gefährlich für die Zähne? Die Antwort ist einfach: Getreide ist kohlenhydratreich. Und „Kohlenhydrat" ist ein anderer Begriff für „Zucker". Und Zucker ist der Zahnkiller Numero eins. In der Mittelsteinzeit war das noch anders; bei den Jägern und Sammlern, meint Ursula Wittwer-Backofen, sei die Kariesfrequenz deutlich niedriger gewesen.

Doch warum litt Ötzi, als typischer Jungsteinzeitvertreter, dann nicht an Karies? Vielleicht weil er die Zähne als Werkzeug benutzte und sie so stark abschliff, dass die Fäule keine Chance hatte. Vielleicht hatte er aber auch hauptsächlich Fleisch gegessen. Und wenig Getreide. Wer weiß?

Ein Wissenschaftler rauft sich die Haare

Die zweite faustdicke Überraschung lieferte das Aktometer, das kleine Gerät, das alle Protagonisten am Oberarm trugen. An einem Tag gleich in der zweiten Woche des Experiments zeigte es nämlich bei Martin Burberg einen Tagesverbrauch von 6473 Kilokalorien an. Eine gewaltige Zahl. Zur Einordnung: Ein Mann von Martins Alter und Statur hat einen Grundumsatz von etwa 1500 bis 1600 Kilokalorien, das heißt, das würde er auch verbrauchen, wenn er nur schliefe. Wenn er nach dem Aufstehen acht Stunden lang körperlich hart arbeiten würde, kämen nochmals 2000 bis 2200 Kilokalorien dazu. Insgesamt würde er dann 3500 bis 3800 Kilokalorien an diesem Tag verbrennen, bei richtig harter Arbeit. Martin verbrauchte aber fast das Doppelte. Warum? Was war passiert?

Es war der Tag danach gewesen, nachdem der Backofen auf der Veranda in die Holzunterlage durchgebrannt war. Martin wollte den Schaden reparieren. Er hatte Lehm zubereitet und kroch mit dem Oberkörper in die kleine Ofenöffnung hinein: Im Inneren trug er Lehmschicht für Lehmschicht auf, um die Wände dicker und damit widerstandsfähiger gegen die Hitze zu machen. Das tat er den ganzen Tag lang und verbrauchte dabei 6473 Kilokalorien – in gängigen Kalorienrechnern findet man solche Größenordnungen weit jenseits des Marathonlaufs.

Unmöglich! Das konnte ja nicht sein! Dachten wir. Und auch der Sportmediziner Dirk Bültermann, der unsere Protagonisten davor und danach gründlich gecheckt hatte, kam ins Zweifeln. Einen derart hohen Kalorienverbrauch war er nur von Spitzensportlern wie Jan Ullrich gewohnt, den er früher betreute.

Das wollte Bültermann nun genau wissen. Zusammen mit dem Hersteller des Aktometers klemmte er sich hinter die Frage, ob dieses Ergebnis plausibel oder einfach nur ein Messfehler war. Nach einigen Tagen kam die Nachricht: Das Messergebnis war durchaus im Bereich des Möglichen. Martin hatte den ganzen Tag praktisch ohne Pause gewerkelt, dazu kam die ungewohnte Haltung, mit ausgestreckten Armen, den Rumpf nach vorne gebeugt, oft nach oben arbeitend – eine Megaanstrengung für seinen Körper.

„Ich habe noch nie dieses Niveau bei Nichtsportlern über eine ganze Woche gesehen. In unserem Arbeitsleben werden diese Profile bei weitem nicht erreicht. Nur täglich trainierende Sportler kommen auf solche Energiewerte", schreibt der Diplommathematiker und Geschäftsführer der Herstellerfirma Rolf Schlegelmilch.

Die Jungsteinzeit ein Dauerstress? Mit einem Kalorienverbrauch von Spitzensportlern und Marathonläufern? Ja. Nein.

Dirk Bültermann hatte alle Probanden vor und nach dem Experiment untersucht und die Daten miteinander verglichen. Die Ergebnisse ließen ihn die

Die Sippe beim Frühstück: Häufig standen Getreideprodukte auf dem Speiseplan.

Haare raufen, denn sie waren kaum einheitlich. Okay: „Bei der Dorfgruppe hat sich im Mittel der Bauchumfang um drei Zentimeter (vorher 60,5 bis 106 Zentimeter, nachher 60,1 bis 95,7 Zentimeter) reduziert. Das entspricht einer Reduktion des Bauchfettes von durchschnittlich einem Kilogramm. Auch bei der Alpenüberquerergruppe nahm der Bauchumfang im Mittel um zwei Zentimeter ab", also etwas abgenommen hatten sie!

Das war es dann aber auch schon. Und selbst diese Daten waren zum Verzweifeln uneinheitlich. Zum Beispiel bei den Alpengehern. Zunächst: Beide hatten Gewicht verloren. Doch während der weniger trainierte Ingo deutlich Gewicht und Fettmasse verlor und Muskelmasse aufbaute, büßte der gut trainierte Henning Muskelmasse ein und legte dagegen prozentual Fettmasse zu. Wieder so ein Ergebnis, das man erst mal sacken lassen muss: Da geht einer mit Lederlappen an den Füßen durch Regen, Schnee und Kälte einen Monat lang über 300 Kilometer bergauf und bergab über die Alpen – und setzt Fettpolster an! Das Gleiche bei Olli. Der Mann mit den meisten Schritten, der immer am Arbeiten war und ständig auf Achse, hatte zugenommen. Wie konnte das sein?

„Nun", meinte Dirk Bültermann, „wahrscheinlich muss er in seinem Arbeitsalltag als Baumrücker und Schafzüchter härter ran, als er das im Experiment musste, vielleicht hat er sich hier körperlich erholt."

Das war ein weiteres, deutliches Indiz dafür, dass unser Experiment meilenweit von der Jungsteinzeit entfernt war – so sehr wir uns auch um Authentizität bemüht hatten. Es fehlten sicher typische Begleiterscheinungen des Steinzeitlebens wie der ständige Sorgendruck ums Überleben, Hunger, Krankheiten, Streitigkeiten, Kämpfe, Naturkatastrophen. Aber noch weitere Faktoren sorgten für eine Schieflage. So führt Ursula Wittwer-Backofen zum Beispiel den, im Vergleich zu damals, gewiss deutlich besseren Gesundheitszustand an, mit dem die Gruppe in das Projekt ging. Andererseits sei aber auch „die ungewohnte Lebensweise für die Akteure mit einem sicher hohen Stressfaktor versehen" gewesen. „Die ungewohnte Nahrung, Nahrungszubereitung, die mangelnde Erfahrung mit den steinzeitlichen Techniken und das ungewohnte Umfeld", all das sind laut Ursula Wittwer-Backofen Faktoren, die es problematisch machen, die Ergebnisse unserer Simulation des Steinzeitlebens auf die Lebensumstände früher Ackerbauern zu übertragen.

Ötzis Kleidung auf dem Prüfstand

Nun gut. Aber zumindest die Kleider waren neolithisch korrekt gewesen, detailgetreu nach dem Vorbild Ötzis rekonstruiert. Doch wie gut waren sie? Wie gut hat die primär aus Leder und Fell gefertigte Kleidung die Menschen in der Jungsteinzeit vor Witterungseinflüssen geschützt? Ist die heutige Kleidung physiologisch funktioneller und vermittelt sie einen besseren Tragekomfort als das, was Ötzi und seine Zeitgenossen vor circa 5300 Jahren trugen?

Diesen Fragen ist Professor Karl-Heinz Umbach von den Hohensteiner Instituten nachgegangen, die sich seit ihrer Gründung im Jahre 1946 mit dem Wechselspiel zwischen Textilien und menschlicher Physiologie beschäftigen. Dazu wurden modernste bekleidungsphysiologische Messgeräte eingesetzt, wie Hautmodelle und der sich bewegende Dummy Charlie 4, mit denen die Wärmeabgabe sowie das Schwitzen des Menschen nachgestellt werden. Die Resultate zeigen, wie warm die Steinzeitkleidung den Träger gehalten hat, bei welcher Umgebungstemperatur oder Tätigkeit er zu stark schwitzte und wie lange er zum Beispiel jagen konnte, ohne erschöpft aufgeben zu müssen. Auch lässt sich daraus ableiten, wie wohl sich Ötzi in seiner Kleidung gefühlt hat oder ob sie gekratzt oder andere unangenehme Hautirritationen hervorgerufen hat.

Die Ergebnisse zeigen, dass „Hemd und Beinbekleidung aus Leder, Fellmantel und Grasmantel der Jungsteinzeit eine für heutige Maßstäbe sehr geringe ,At-

Die steinzeitliche Kleidung war wenig atmungsaktiv.

mungsaktivität' aufweisen und auch Schweiß in flüssiger Form nur sehr schlecht von der Haut wegtransportieren können. Moderne Funktionskleidung ist diesbezüglich vier- bis sechsmal besser. Während heutige Shirts oder Fleecepullis nach dem Schwitzen bereits nach 20 bis 30 Minuten am Körper wieder trocken sind, bleibt das Lederhemd schweißgetränkt bis zu etwa sechs Stunden nass am Körper. Hätte Ötzi die heutige Schulnotenskala gekannt, hätte er den Tragekomfort seiner Kleidung, die auch noch nahezu doppelt so schwer war wie heute, mit der Note sechs bewertet." So das ungeschminkte Urteil der Textilforscher im schwäbischen Bönnigheim.

Kritisch wurde das Ganze vor allem bei Kälte: „Bei seiner Alpenüberquerung hielt die Kleidung bei Wind um die Stärke zwei Ötzi nur bei Temperaturen über circa minus fünf Grad Celsius noch ausreichend warm. Daraus ist zu schließen, dass es entweder in der Jungsteinzeit in den Alpen wärmer war als heute oder dass Ötzi nicht noch mehr oder noch schwerere Kleidungsstücke mit sich herumtragen wollte oder konnte und damit oftmals starkes Frieren in Kauf nehmen musste ... Auch für die Nacht, wollte er bereits bei Temperaturen unter circa plus sechs Grad Celsius nicht frieren, musste sich Ötzi seinen Schlafplatz in einer trockenen Höhle suchen oder ein Feuer machen. Letzteres insbesondere auch dann, wenn seine Kleidung etwa im Regen nass geworden war und, wie vorstehend beschrieben, stundenlang nicht mehr trocknete."

Schlafen wie in der Steinzeit

Die Klamotten konnten zu Erkältung bis Kältetod führen, die Ernährung mit Getreide zu Karies, die Anstrengung beim Ofenflicken entsprach einem Marathon plus Halbmarathon. Gab es denn überhaupt einen Lebensbereich in der Jungsteinzeit, der qualitativ einigermaßen an unsere heutige Lebenssituation herankam? Oder vielleicht sogar besser war?

Ja, den gab es. Nicht am Tag, aber in der Nacht. Das Schlafen! Unsere Protagonisten schliefen im Schnitt eine Stunde länger. „Bemerkenswert war", schreibt der Schlafforscher Dieter Riemann in seinem Bericht, „dass die Verlängerung der Liege- und Schlafzeit insbesondere auf ein früheres Zubettgehen zurückzuführen war und nicht auf ein längeres Ausschlafen am Morgen. Eine Interpretation dieser Ergebnisse muss viele Faktoren mit einbeziehen. Einerseits war ein zentraler Bestandteil der steinzeitlichen Lebensbedingungen, dass künstliches elektrisches Licht ausgeschlossen war. Ebenso standen natürlich nicht die sonst üblichen Zerstreuungsmöglichkeiten, wie etwa Fernsehen, Internet et cetera zur Verfügung."

Ein weiterer wichtiger Punkt für Professor Riemann: „Die größere soziale Synchronisierung – ein Schlafraum für alle Dorfteilnehmer." Das war sehr interessant: Alle hatten erwartet, dass sich die Enge in dem einzigen fertigen Haus nachteilig auswirken würde, dass Unruhe – die eine hustet, der andere muss mitten in der Nacht pinkeln gehen, ein Dritter schnarcht – sich in schlechterem Schlafen äußern würde. Doch das Gegenteil war der Fall. Mit nur durchschnittlich 40 Zentimetern Matratzenbreite pro Person schliefen unsere Protagonisten prächtig. Claudia und Martin kündigten sofort an, das Ergebnis in ihr Alltagsleben zu integrieren: „Wir richten ein Kuschelzimmer ein, wo wir gemeinsam mit den Kindern schlafen." Auch Dieter Riemann kam ins Nachdenken: „Wir verbannen immer noch unsere Kinder in separate Schlafzimmer. Vielleicht ist das, was wir im Experiment gesehen haben, ein besserer Weg?"

Möglich. Wir haben tagsüber nicht viel von unseren Kindern und sie nicht von ihren Eltern, weil alle Stress haben. Vielleicht könnte ja die Nacht einen Ausgleich für die fehlende Nähe am Tag schaffen, im großen Lager, mit der ganzen Familie. Klingt interessant. Aber wie ist das mit der Intimität? Geht die nicht verloren? Leben sich die Paare nicht auseinander, wenn sie nicht wenigstens in der Nacht unter sich sind? „Ich denke, Gelegenheiten gibt's genügend", meint Riemann, „die Erfahrungen im Steinzeitexperiment zeigen aber, dass diese Schlafsituation alle mit hoher Zufriedenheit erfüllte."

Vielleicht war es ja wirklich das, was die Steinzeitclans so stark gemacht hat, dass sie den Marsch durch die Jahrtausende so erfolgreich bewältigten: dass sie – im Sinne des Wortes – unter einer Decke steckten. Ob das stimmt, kann jeder selbst ausprobieren. Living Science eben.

Was niemand dachte – auf dem steinzeitlichen Lager lässt sich's gut ruhen.

Zurück in der Zukunft –
Und was sagen nun die Protagonisten?

„Es gibt so eine Szene, da war ich alleine auf dem Feld und hab Getreide ge-erntet, der Himmel war bedeckt, irgendwann zogen die Wolken auseinander, die Sonne kam durch und dann fingen die Körner an zu knacken. Das war was Tolles!"

Schließen Sie bitte kurz die Augen und stellen Sie sich die Situation vor: Ge-treidekörner, die in der Sonne knacken ... Wer kennt das überhaupt noch? Olli-ver hat es erlebt. Es ist diese Art von Eindrücken, die sich durch die Berichte von allen Protagonisten zieht: Sie begannen nach einigen Wochen, intensiver zu schmecken, zu sehen, zu riechen, zu hören und zu fühlen.

Oder auch nicht mehr zu fühlen. Für Britta zum Beispiel fielen erstaunlicher-weise ständige Begleiter ihres Lebens weg: „In der Steinzeit hatte ich erstmals keine Kopfschmerzen, kein einziges Mal, die habe ich sonst eigentlich regelmä-ßig. Und ich habe auch ziemlich oft Halsschmerzen, ich bin da sehr anfällig, und da wundere ich mich schon, dass ich in der Steinzeit überhaupt keine Probleme damit hatte. Ich könnte hier zu Hause niemals barfuß durch die kalte nasse Wiese laufen, ohne gleich danach Halsschmerzen zu kriegen." Sie schiebt das darauf, dass im Experiment ganz einfach, trotz der vielen Arbeit, der Faktor Stress wegfiel, die „Terminlosigkeit der Steinzeit", wie es Henning nannte.

So besehen war die Rückkehr für einige erst einmal ein Schock. Zum Beispiel für Claudia: „Ich bin hier in unser Haus gekommen und dachte, ach du liebe Güte, wo wohne ich hier? Das ist ja ein Riesenschloss. Wer soll dieses Schloss hier putzen, wer soll die ganzen Fenster sauber machen, und ich dachte, es ist totaler Quatsch, so zu leben. Und wo sind die Leute am Feuer? Wo ist jemand, mit dem ich jetzt gerade reden kann, wenn ich reden möchte? Keiner ist da. Und wo ist dieses Feuer, das den ganzen Tag über bis in die Nacht hinein brannte? Das habe ich total vermisst."

Till, ihrem Sohn, ging es da ganz ähnlich: „Ich vermisse heute, dass wir nicht mehr so viele sind und dass wir keinen See mehr vor uns haben, die Fische drin und das Boot, womit man auf dem See rumfahren kann."

Ganz neue Seiten entdeckt

Für Ronja war die Zeitreise ein Erlebnis, das man sonst vielleicht gerade noch in Astrid-Lindgren-Büchern findet: „Ich lese sonst sehr viel. Statt zu lesen habe ich gespielt, Einbaum gefahren, habe mich in die Wiese gelegt, den Pflanzen zugeguckt, wie sie im Wind wackeln. Wir haben Pilze und Beeren gesammelt, wir sind zum Bach gegangen und haben dort Flusskrebse gefangen. Ich habe ein Eichhörnchen kennen gelernt und bin ihm gefolgt … So habe ich meinen Geheimplatz gefunden, wo ich in Ruhe sein konnte."

Auch für Martin hat der Aufenthalt am Weiher eine Veränderung gebracht. Die acht Wochen hatten ihm, vor allem in der Regenperiode, äußerst hart zugesetzt, so hart, dass der sonst so bedächtig wirkende Mann ganz neue Seiten an sich entdeckte: „Also ich habe mich manchmal selber erschrocken, dass ich so explodieren kann. Das hätte ich nicht gedacht … Claudia sagt, ich wäre ruhiger geworden, ich weiß es nicht, ob das stimmt. Ich versuche aber jetzt schon mal, eher auf die Bedürfnisse der Kinder einzugehen oder nicht so gestresst zu arbeiten, wie ich das vorher zum Teil auch gemacht habe."

Und Ingo? Er ist immer noch clean. Seit er nach seinem ernüchternden Lungenfunktionstest spontan das Rauchen aufgegeben hat, hat er keine einzige

Ein letztes Feuer – und die acht Wochen im Steinzeitdorf sind Vergangenheit.

Kippe mehr angerührt: „Was ich vermisse, ist das Laufen. Und dann die Natur, dieses Draußensein fehlt mir einfach. Draußen sein zu können, ohne sich Gedanken darüber zu machen, wer das bezahlt. Also die Einfachheit des Lebens. Dieses ganz Ursprüngliche, sodass man sagt, ey ich hab' Hunger, und muss dann nicht erst in einen Laden gehen, um einzukaufen, sondern ich gehe aufs Feld oder suche es mir irgendwo."

Eine Ahnung vom Leben der Vorfahren

Acht Wochen Steinzeit. Für alle war das sicher ein Erlebnis mit viel Natur, mit großen Herausforderungen, ein Abenteuer, das manchmal ganz schön ans Eingemachte ging.

Aber da war noch etwas. Etwas, worüber Sophia noch heute nachdenkt. Sie hat in dieser Gleichförmigkeit der Tage, in der Langsamkeit des Arbeitens und des Lebens etwas in sich entdeckt, für das sie keinen treffenden Begriff findet: „Da wurde am Schluss so etwas enthüllt, so etwas Urahnenmäßiges, und jetzt geistert das immer so in meinem Körper rum, wie so eine Erinnerung, die aber nirgends einen richtigen Platz hat. Und das finde ich anstrengend."

Man könnte meinen, etwas Archaisches hätte sie angerührt, als seien da, trotz Fernsehkameras und dem Wissen um die Begrenztheit des Experiments, Momente gewesen, in denen man eine Ahnung von dem Leben unserer Vorfahren bekam.

Auch Henning berichtet von ähnlichen Erfahrungen: „Zum Beispiel auf der Wanderung, wenn wir ein Nachtlager gemacht hatten und das Team dann weg war und man nachts aufgewacht ist wegen der Kälte und hat das Feuer neu angefacht... Das waren so Momente, in denen man schon ziemlich dicht dran war."

Das war vielleicht das Einmalige an dieser Zeitreise, ein Erleben, das nicht mit der gängigen „Adventure-Event-Outdoor"-Begrifflichkeit erfasst werden kann. Aber sehr wohl mit Ollivers Worten: „Man hat sonst nicht die Muße oder die Zeit mit einer Sichel durch ein Getreidefeld zu ziehen und da stundenlang zu brauchen, um eine Spur Getreide abzuernten. Das hat so ein Einssein mit dem Leben gebracht. Das war einfach toll. So eine Erfahrung zu machen, wünsche ich vielen Menschen. Glücklich zu sein, indem man ist, indem man da ist. Das war schön."

Literaturauswahl

Auf den Spuren der Pfahlbauern. Archäologie der Schweiz 27/2, 2004.

Badisches Landesmuseum (Hrsg.): Vor 12 000 Jahren in Anatolien: Die ältesten Monumente der Menschheit. Stuttgart (Konrad Theiss Verlag) 2007.

Bick, Almut: Die Steinzeit. Stuttgart (Konrad Theiss Verlag) 2006.

Bolliger Schreyer, Sabine; Rebsamen, Stefan: Pfahlbau und Uferdorf. Leben in der Steinzeit und Bronzezeit. Glanzlicht des Historischen Museums Bern 13. Zürich (Chronos Verlag) 2004.

Fleckinger, Angelika (Hrsg.): Die Gletschermumie aus der Kupferzeit 2. Neue Forschungsergebnisse zum Mann aus dem Eis. Schriften des Südtiroler Archäologiemuseums, Band 3. Bozen/Wien (Folio Verlag) 2003.

Freeden, Uta von; Schnurbein, Siegmar von (Hrsg.): Spuren der Jahrtausende. Archäologie und Geschichte in Deutschland. Stuttgart (Konrad Theiss Verlag) 2002.

Holdermann, Claus-Stephan; Müller-Beck, Hansjürgen; Simon, Ulrich: Eiszeitkunst im süddeutsch-schweizerischen Jura: Anfänge der Kunst. Stuttgart (Konrad Theiss Verlag) 2001.

Mania, Dietrich: Die ersten Menschen in Europa. Sonderheft Archäologie in Deutschland. Stuttgart (Konrad Theiss Verlag) 1998.

Menghin, Wilfried (Hrsg.): Menschen, Zeiten, Räume – Archäologie in Deutschland. Stuttgart (Konrad Theiss Verlag) 2002.

Müller-Beck, Hansjürgen: Die Steinzeit: der Weg der Menschen in die Geschichte. München (Verlag C. H. Beck) 2004.

Neubauer, Wolfgang (Hrsg.): Geheimnisvolle Kreisgräben. Katalog zur Niederösterreichischen Landesausstellung 2005 am Heldenberg bei Kleinwetzleinsdorf. St. Pölten (Verlag Berger) 2005.

Pfahlbaufieber. Von Antiquaren, Pfahlbaufischern, Altertümerhändlern und Pfahlbaumythen. Mitteilungen der Antiquarischen Gesellschaft Zürich, Band 71 (168. Neujahrsblatt). Zürich (Chronos Verlag) 2004.

Schlichtherle, Helmut (Hrsg.): Pfahlbauten rund um die Alpen. Sonderheft Archäologie in Deutschland. Stuttgart (Konrad Theiss Verlag) 1997.

Schrenk, Friedemann: Die Frühzeit des Menschen. Der Weg zum Homo sapiens. München (Verlag C. H. Beck) 2003.

Abbildungsnachweis

Amt für Archäologie des Kantons Thurgau: 24 unten; Archäol. Landesmuseum Baden-Württemberg, Konstanz: 35; Archäol. Landesmuseum Schloß Gottorf: 24 oben; Bayerisches Landesamt für Denkmalpflege-Archäologische Prospektion, Mag. Nr. L 7342/095 (H. Becker): 98; Institut für Ur- und Frühgeschichte und Archäologie des Mittelalters, Tübingen: 43 (H. Jensen); Philipp Karwath: 89; Lene Kemling: 37 oben, 111, 133, Landesamt für Archäologie Sachsen, Dresden: 10; © Landesamt für Denkmalpflege Hessen/Wiesbaden (Schwarz+Beil, Wiesbaden): 101; Landesamt für Denkmalpflege und Archäologie Sachsen-Anhalt (J. Lipták): 59; J. Lüning, Seminar für Vor- und Frühgeschichte, Frankfurt: 135; nach J. Lüning, Universitätsforsch. Prähist. Arch.: 30; Michael Merkel: 22 unten, 60; Neanderthal Museum: 42; Ralf Nowak: 8/9, 11, 14, 15, 17, 20, 21, 22 (alle außer Sophia), 23, 26–29, 33, 36, 37 unten, 39, 40, 44–51, 53, 55–57, 66–68, 79, 80, 83, 91, 108–110, 116, 124–126, 134, 143–145, 152/153, 158–161, 165–173, Kolumnentitelleisten (außer 72–106); Peter Palm, Berlin nach W. Menghin/D. Planck: Menschen, Zeiten, Räume, 2002: 13; Pfahlbaumuseum/Schöbel: 18, 75; Picture-Alliance, Frankfurt: 95; Thomas Ploder: 25 Mitte; Regierungspräsidium Stuttgart – Landesamt für Denkmalpflege: 11, 76, 87, 163; Anne Reichert, Experimentelle Archäologie/Archäotechnik: 130 (Rekonstr. und Foto); Katja Reichert: 24 Mitte; Michael Rind, Landratsamt Kehlheim: 77; Römisch-Germanische Kommission, Frankfurt (C.-M. Hüssen nach D. Grosser in B. Houdra: Methoden der Archäologie 1978): 64; Jochen Schmoll, drehXtrem: 54, 61, 62, 70–72, 81, 82, 84, 85, 88, 90, 92–94, 102–106, 115, 117, 119–122, 127–129, 131, 132, 138–142, 147–150, 156, 157, Kolumnentitelleiste 72–106; S. Schöbel/Pfahlbaumuseum: 25 oben; Irene Schrunner: 52; SWR: 7 (Hollenbach), Titelleisten Aufmacherseiten; Hans Tappeiner: 96; Tourismusverein Schnals: 155; Überlebensschule Tirol: 25 unten; Detlef Willand: 113, 114; Württ. Landesmuseum Stuttgart (P. Frankenstein/H. Zwietasch): 107, 136; ZAMG Archeo Prospections & Luftbildarchiv UFG Universität Wien: 97

Eine Gemeinschaftsproduktion von Konrad Theiss Verlag GmbH und Hampp Media GmbH. Den Haupttext verfasste Rolf Schlenker, die „Wissensfenster" Almut Bick.

Bibliografische Information der Deutschen Nationalbibliothek
Die Deutsche Nationalbibliothek verzeichnet diese Publikation in der Deutschen Nationalbibliografie; detaillierte bibliografische Daten sind im Internet über http://dnb.d-nb.de abrufbar.

Umschlaggestaltung: Stefan Schmid, Stuttgart, unter Verwendung zweier Fotos von Ralf Nowak (Dorf) und Jochen Schmoll (Alpen) sowie eines grafischen Entwurfs des SWR

© 2007   Konrad Theiss Verlag GmbH, Stuttgart
          Hampp Media GmbH, Stuttgart

Lektorat:	Monika Bönisch, Ludwigsburg; Birgit Wüller, Stuttgart
Herstellung:	Tina Schröder, Hampp Media GmbH, Stuttgart
Layout:	COMMUNICATE Werbeagentur GmbH, Stuttgart
Grafik und Satz:	Evgenia Motz, emoconcept, Möglingen
Repro:	POINT prepress, Stuttgart
Druck und Weiterverarbeitung:	Westermann Druck Zwickau GmbH, Zwickau

ISBN 978-3-8062-2099-5